Naoual Nassiri

Avaliar a legibilidade do árabe

Naoual Nassiri

Avaliar a legibilidade do árabe

ScienciaScripts

Imprint

Cover image: www.ingimage.com

This book is a translation from the original published under ISBN 978-620-6-70004-3.

Publisher:
Sciencia Scripts
is a trademark of
Dodo Books Indian Ocean Ltd. and OmniScriptum S.R.L publishing group

120 High Road, East Finchley, London, N2 9ED, United Kingdom
Str. Armeneasca 28/1, office 1, Chisinau MD-2012, Republic of Moldova, Europe
Printed at: see last page
ISBN: 978-620-8-29601-8

Conteúdo

Agradecimentos

Antes de mais, gostaria de agradecer a Alá por me ter dado a saúde, a capacidade e a oportunidade de realizar este estudo de investigação e de o levar a cabo de forma satisfatória.

Esta tese não teria sido possível sem o enorme e interminável apoio, aconselhamento e encorajamento do meu orientador, o Professor ***Abdelhak Lakhouaja***, a quem os meus agradecimentos são igualmente insuficientes. Gostaria de aproveitar esta oportunidade para expressar a minha gratidão à Sra. ***Violetta Caval li-Sforza***, que melhorou esta tese com os seus conselhos, apoio, encorajamento e participação como co-orientadora deste trabalho de investigação. Agradeço-lhe sinceramente.

Gostaria de exprimir os meus sinceros agradecimentos aos Professores ***Arsalane Zarghili***, ***Azzeddine Mazroui*** e ***Hammou Fadili*** por terem aceitado relatar esta tese apesar das suas agendas preenchidas. Os meus sinceros agradecimentos ao Professor ***Abdelouafi Meziane*** por ter aceite presidir ao júri da minha tese e ao Professor ***El Wardani Dadi*** por me ter dado a honra de ser membro.

Gostaria de agradecer aos meus amigos do laboratório LaRI. Cada um deles contribuiu para tornar a minha estadia neste programa de doutoramento mais divertida e interessante. Além disso, ter ***a Safae Berrichi*** como minha colega, melhor amiga e segunda irmã é um grande privilégio e alegria, e gostaria de lhe agradecer por acreditar em mim e nos meus objectivos e por me apoiar sempre.

Por último, dedico esta tese aos meus dois irmãos e à minha irmã ***Safae***, que sempre me apoiaram. Sem o vosso amor, carinho e paciência, não teria conseguido realizar esta tese. A dedicatória especial desta tese é dirigida à mais querida das mães e ao mais querido dos pais. Obrigado pela vossa paciência, pelo vosso carinho e por tudo o que fizeram para reunir a nossa família em paz e felicidade. Obrigado por nos terem dado o amor de que necessitamos para sobreviver nesta vida. Um grande obrigado a toda a família ***Nassiri*** e à família ***Oujidi*** pelo seu apoio.

Currículo

A legibilidade, representada pela complexidade do vocabulário e da sintaxe, desempenha um papel importante no processo de seleção de materiais adaptados aos níveis dos alunos e dos leitores. De facto, a tarefa de medir automaticamente o nível de dificuldade de um texto depara-se frequentemente com desafios como a falta de dados e de recursos necessários para desenvolver tais sistemas.

Nesta tese, produzimos um conjunto de modelos automáticos de previsão de legibilidade. Estes modelos destinam-se a leitores de árabe como primeira língua (L1) e como segunda língua ou língua estrangeira (L2). O desenvolvimento destes modelos envolve três etapas principais. A primeira etapa consiste na recolha de um corpus de referência anotado de acordo com os níveis de dificuldade. Para o efeito, recolhemos e desenvolvemos quatro corpora, três dos quais se destinam à L2 e o quarto à L1. A segunda fase do processo consiste em converter os textos em vectores de caraterísticas. Durante esta segunda fase, a tarefa mais importante é a identificação do conjunto de caraterísticas que melhor predizem o nível de legibilidade de um determinado texto. A extração destas caraterísticas baseia-se em informação morfológica, extraída através de analisadores morfológicos, e em informação de frequência, extraída de um dicionário de frequências que desenvolvemos no decurso desta investigação. A fase final do desenvolvimento de um modelo preditivo de legibilidade é uma fase de classificação. Para esta última fase, utilizámos quatro algoritmos diferentes.

Na última parte desta tese, explorámos todos os recursos e modelos que desenvolvemos para uma primeira investigação no domínio da simplificação de textos. A simplificação de textos consiste em transformar um texto para o tornar mais fácil de compreender.

Palavras-chave : Legibilidade; Língua árabe; TALN; L1; L2; Simplificação; Educação.

ملخص

تلعب المقروئية، التي تتمثل في صعوبة المفردات والنحو، دورًا مهمًا في عملية تزويد الطلاب والقراء بنصوص ذات صعوبة مناسبة. غالبًا ما تواجه مهمة القياس الآلي لمستوى صعوبة النص تحديات مثل نقص البيانات والموارد اللازمة لتطوير مثل هذه الأنظمة.

في إطار هذه الأطروحة، قمنا بإنتاج مجموعة من نماذج الحساب الآلي لقابلية القراءة. هذه النماذج مخصصة لقراء اللغة العربية كلغة أولى وكلغة ثانية أو لغة أجنبية. يمر تطوير هذه النماذج بثلاث مراحل رئيسية. تتمثل الخطوة الأولى في جمع ذخيرة لغوية موسمة بمستويات الصعوبة. من أجل ذلك قمنا بتجميع وتطوير أربع ذخائر، ثلاثة منها مخصصة للغة العربية كلغة أجنبية والرابعة مخصصة للغة العربية كلغة أولى. تتمثل الخطوة الثانية في تحويل النصوص إلى متجهات الخصائص. خلال هذه الخطوة الثانية، تتمثل المهمة الأكثر أهمية في تحديد مجموعة الخصائص التي تمكننا من تحديد مستوى صعوبة نص معين بشكل أفضل. يعتمد استخراج هذه الخصائص على المعلومات الصرفية، المستخرجة باستخدام محلل صرفي، وعلى نسب التكرار المستخرجة من قاموس التكرار الذي قمنا بتطويره خلال هذه الأطروحة. الخطوة الأخيرة في تطوير مثل هذه النماذج هي مرحلة التصنيف. لإنجاز هذه الخطوة الأخيرة، استخدمنا أربع خوارزميات مختلفة.

في الجزء الأخير من هذه الأطروحة، قمنا باستعمال الموارد والنماذج التي طورناها في محاولة أولى من أجل تبسيط النصوص. حيث يتمثل تبسيط النص في تحويل نص صعب قصد تسهيل فهمه.

كلمات مفتاحية : المقروئية؛ اللغة العربية؛ المعالجة الآلية للغات الطبيعية؛ لغة أولى؛ لغة أجنبية؛ تبسيط؛ التعليم.

Introdução geral

Apergu geral

É evidente que a leitura não é uma competência natural; é todo um processo de aprendizagem que requer a utilização de um programa de ensino adaptado. Os leitores têm o direito de ler textos adaptados às suas capacidades; ao negociar textos muito para além do seu nível de competência, podem perder o sentido geral do texto quando confrontados com elementos ou construções vocabulares difíceis ou pouco familiares. De um modo geral, quanto mais fácil for a leitura de um texto e quanto mais claras forem as ideias nele contidas, maior será a probabilidade de atrair e prender a atenção do leitor. Por conseguinte, é útil medir a legibilidade de um texto em termos da sua clareza e facilidade de compreensão.

[Al-Khalifa e Al-Ajlan, 2010] afirmaram que "a legibilidade depende de três factores principais: o leitor, o texto e a situação". A legibilidade é uma medida que relaciona um texto escrito com um leitor ou nível de ensino. É afetada pela capacidade do leitor para compreender um texto e é, por conseguinte, um indicador crucial para determinar a população-alvo de um determinado texto, o que tem um impacto na educação dos alunos, por um lado, e do público em geral (por exemplo, leitores de jornais), por outro. A legibilidade pode desempenhar um papel importante em muitos domínios para além da educação, por exemplo, na divulgação de informações sobre saúde.

A legibilidade depende tanto do conteúdo de um texto como da sua apresentação. Pode ser influenciada pelo aspeto visual do texto, que se refere a caraterísticas como o tipo de letra em que o texto está escrito, as cores utilizadas, a nitidez da imagem e outras caraterísticas visuais semelhantes. [Gray e Leary, 1935] realizaram um estudo no qual perguntaram a grupos de bibliotecários, editores e professores o que, na sua opinião, tornava um livro legível. Para um leitor, um livro é legível se :

1. O conteúdo ou tema é interessante e atrativo;
2. O estilo de expressão é compreensível e interessante;
3. O formato e a organização facilitam o seguimento da lógica do material didático com um mínimo de esforço.

A diferença entre as duas famílias de legibilidade (linguística e visual) pode ser resumida no facto de a legibilidade visual depender de :

- Condições ou interferências ambientais, como a iluminação ou as vibrações, que afectam o sistema visual humano [Mustonen et al., 2004];
- A distância de observação (ou seja, o tamanho angular dos símbolos);
- Conceção policial [SMITH, 1979];
- A qualidade da reprodução (por exemplo, contraste suficiente de luminosidade entre os símbolos e o fundo).

Já a segunda família de legibilidade (legibilidade linguística) depende mais da língua, do vocabulário utilizado, da estrutura das frases, etc., do que da própria língua. Nesta tese, centramo-nos na legibilidade linguística.

Desafio

O primeiro requisito básico para o desenvolvimento de um sistema de previsão de legibilidade poderoso é o corpus de referência. [1][2]Para as línguas em que o processo de leitura tem sido objeto de investigação aprofundada, foram recolhidos corpora de referência padrão, como o corpus do inglês americano contemporâneo ou o corpus do inglês de Cambridge. No caso do árabe, há uma grande falta de corpora educativos dedicados à legibilidade.

Uma vez reunido o corpus de referência, o segundo desafio que se coloca ao desenvolvimento destas ferramentas e modelos é a identificação de um conjunto de caraterísticas linguísticas, também

1 https://www.english-corpora.org/coca/ (última visita em 06/11/2020)

2 https://www.cambridge.es/en/about-us/cambridge-english-corpus (última visita em 06/11/2020)

designadas por preditores. Estas devem ter uma correlação significativa com a dificuldade dos textos. No entanto, um bom preditor deve satisfazer um certo número de condições, nomeadamente, deve correlacionar-se o menos possível com outros preditores para evitar a redundância de informação. Estas caraterísticas servirão de vectores de entrada para os algoritmos de classificação mais tarde. A escolha do algoritmo de classificação a utilizar é outro desafio a enfrentar aquando do desenvolvimento de modelos de previsão da legibilidade.

Por último, o desenvolvimento destes modelos só pode ser conseguido com a ajuda de um conjunto de ferramentas e recursos, ou seja, analisadores, dicionários de frequências, léxicos, etc. Mais uma vez, a qualidade destes analisadores e recursos é um desafio a vencer para aumentar a qualidade dos modelos de previsão de legibilidade. Mais uma vez, a qualidade destes analisadores e recursos é um desafio a ultrapassar para aumentar a qualidade dos modelos de previsão da legibilidade.

Objectivos

O principal objetivo desta tese é demonstrar a medição da legibilidade de textos árabes, em particular de textos educativos. Para além disso, pretendemos contribuir para o enriquecimento dos recursos que apoiam o desenvolvimento de sistemas de previsão de legibilidade para a língua árabe.

Trata-se sobretudo de :

- Desenvolvimento e recolha de corpora para avaliar a legibilidade de textos destinados a aprendentes de árabe como língua materna (L1) e como primeira língua estrangeira (L2);
- O desenvolvimento de um dicionário de frequências para a língua árabe para apoiar o desenvolvimento de modelos de previsão;
- A recolha, adaptação e desenvolvimento de caraterísticas para prever a legibilidade da L2. A integração destas caraterísticas no desenvolvimento de modelos preditivos para a L2;
- O desenvolvimento de modelos preditivos para a L1 utilizando caraterísticas adaptadas à previsão da legibilidade desta língua;
- Utilizar as caraterísticas da medição da legibilidade para simplificar os textos. Trata-se de tornar um texto mais compreensível para um leitor.

Estrutura das mesmas

Para apresentar as ferramentas e os corpora utilizados no desenvolvimento dos nossos modelos, para explicar as várias etapas dos processos associados a este desenvolvimento e para apresentar os resultados das previsões dos nossos modelos, dividimos o manuscrito em oito capítulos:

- **Capítulo 1**: Este capítulo apresenta uma visão geral da língua árabe e da sua morfologia. Apresentamos também uma panorâmica do Processamento Automático da Língua Árabe (**PAM**). Em seguida, detalhamos a noção de legibilidade e destacamos as contribuições do ALP neste domínio.
- **Capítulo 2**: Neste capítulo, analisámos um conjunto de trabalhos sobre a previsão da legibilidade em geral. Dedicámos a maior parte do capítulo a apresentar o estado da arte da medição da legibilidade de textos árabes. Começámos por apresentar as várias abordagens tradicionais baseadas em fórmulas matemáticas. De seguida, apresentámos os estudos existentes baseados em técnicas de aprendizagem automática (ML). Reservámos também uma parte desta revisão para os trabalhos destinados a medir a legibilidade de textos médicos.
- **Capítulo 3**: Neste capítulo, apresentámos o processo e os resultados do desenvolvimento de um dicionário de frequências para a língua árabe. A partir de dois corpora, um clássico e outro moderno, produzimos quatro dicionários utilizando dois analisadores morfológicos diferentes.
- **Capítulo 4**: Neste capítulo, apresentámos os diferentes corpora que desenvolvemos. Iniciámos este capítulo com o processo e os resultados do desenvolvimento de um corpus para a L1. A última parte deste capítulo foi reservada para a apresentação de três corpora dedicados à L2.
- **Capítulo 5**: Neste capítulo, apresentámos as várias etapas do desenvolvimento de modelos de previsão da legibilidade de L2. Detalhámos assim o conjunto de caraterísticas que adoptámos para melhorar a qualidade da previsão. Os testes efectuados em três corpora mostraram que estas melhorias

melhoraram consideravelmente o desempenho da medida de legibilidade.

- **Capítulo 6**: Neste capítulo, apresentamos os resultados da utilização do corpus da L1 para desenvolver modelos de previsão de legibilidade para o árabe como L1. Também apresentámos o conjunto de caraterísticas que explorámos para esta abordagem, bem como a diferença em relação à L2.
- **Capítulo 7**: dedicámos este capítulo a discutir os contributos da medição da legibilidade no domínio da simplificação de textos para L1 e L2.

O último capítulo deste manuscrito é dedicado a uma conclusão geral sobre todo o trabalho realizado, para além de algumas perspectivas futuras para melhorar o desempenho dos modelos desenvolvidos.

Capítulo 1

TALA e medição da legibilidade

1.1 Introdução

O árabe é uma das principais línguas do mundo. [3]É utilizado por mais de 400 milhões de pessoas (de acordo com as estatísticas de 2020) e é a língua oficial de cerca de vinte países. Além disso, como o árabe é a língua do livro sagrado dos muçulmanos, o Corão, é uma língua de grande importância religiosa para centenas de milhões de muçulmanos em todo o mundo, sejam eles árabes ou não. As zonas onde o árabe é falado abrangem um grande número de países. Este crescimento da população árabe levou também a um aumento notável da quantidade de conteúdos árabes disponíveis em linha. [me]A língua árabe ocupa atualmente a 4® posição entre as línguas de conteúdo WEB [Boudad et al., 2018]. Não esquecendo de mencionar que o árabe faz parte da família das línguas semíticas, e tem sido o maior membro deste grupo durante muito tempo.

Atualmente, os investigadores no domínio do Processamento de Linguagem Natural (PLN) estão muito interessados na língua árabe. Neste capítulo, apresentaremos os diferentes aspectos da língua árabe, bem como as noções de leitura, aprendizagem e legibilidade em árabe como primeira língua e também como língua estrangeira. De seguida, discutiremos o contributo do Processamento Automático da Língua Árabe (AALP) para a medição da legibilidade.

1.2 A língua árabe

Em 1974, o árabe foi certificado como uma das seis línguas oficiais das Nações Unidas, juntamente com o chinês, o russo, o inglês, o francês e o espanhol. Existem dois tipos de língua árabe de uso corrente:

- . O árabe clássico (**CA**: Classic Arabic) é essencialmente a forma da língua que se encontra no Corão; é também utilizada na literatura árabe clássica. Esta família linguística é uniforme em todo o mundo árabe;
- . O árabe moderno padrão (**MSA**) é a língua oficial em todo o mundo árabe. O MSA é a forma de árabe atualmente utilizada nos documentos oficiais, nos estabelecimentos de ensino e na comunicação entre árabes de diferentes nacionalidades. No entanto, as formas faladas do árabe variam consideravelmente e cada país árabe tem o seu próprio dialeto. O MSA é descendente da língua clássica.

A morfologia em linguística ocupa-se da estrutura das palavras: como são formadas e a identidade e carácter dos elementos que as compõem. Por vezes, as palavras são compostas por radicais e, mais frequentemente (especialmente em árabe), são compostas por vários morfemas. Um morfema pode ser definido como uma unidade mínima de forma com um significado independente. Os morfemas podem ser livres, o que significa que podem ser autónomos como palavras, ou podem estar ligados, o que significa que existem apenas como componentes de palavras. Em árabe, a maioria das palavras são morfologicamente complexas, o que significa que são compostas por mais do que um morfema. A língua árabe é representada por diferentes tipos de morfemas e por uma série de informações morfológicas. Estas podem ser resumidas em :

- **A palavra:** abrange as diferentes conjugações dos verbos e as declinações dos substantivos;
- **O radical:** representa a palavra sem clítico. É o resultado da combinação de uma raiz com afixos flexionais para indicar caraterísticas gramaticais como número, pessoa, tempo verbal, etc. O uso de um radical numa determinada frase é gramaticalmente correto. O uso de um radical numa determinada frase é gramaticalmente correto;
- **O lema:** representa a entrada no dicionário. É uma forma específica que representa a palavra. O lema corresponde à composição semântica e sintáctica partilhada por um conjunto de palavras. [me]Em

3 `https://www.internetworldstats.com/stats7.htm` (última visita em 07/11/2020)

árabe, o lema dos verbos é definido como a sua forma conjugada na 3® pessoa do singular. O lema nominal é representado pelo singular e pelo masculino (se possível);

- **A raiz:** um conjunto de três, quatro ou excecionalmente cinco letras não ligadas entre si, que em conjunto significam um determinado significado abstrato;
- **O PoS (Part of Speech):** é uma etiqueta que fornece informações sobre a categoria gramatical de cada unidade lexical numa dada frase, no contexto em que aparece.

Para explicar melhor estas representações morfológicas, apresentamos no quadro 1.1 alguns exemplos de palavras acompanhadas da sua informação morfológica.

<table>
<tr><th>Palavra</th><th>PdV</th><th>Caule</th><th>Lema</th><th>Racine</th></tr>
<tr><td>Длу)ДхЛ1у</td><td>Nome</td><td>ДиуДл</td><td>ДиуДл</td><td>^ у ˉ</td></tr>
<tr><td>^'■у|Д^</td><td>Nome</td><td>(J-у/Дл</td><td>ДиуДл</td><td>^ у ˉ</td></tr>
<tr><td>4jj^j|jjj3</td><td>Verbo</td><td>jjuj'"~j</td><td>оу)'-^</td><td>^ у ˉ</td></tr>
<tr><td>^-'у)Длу</td><td>Nome</td><td>ДиуДл</td><td>ДиуДл</td><td>^ у ˉ</td></tr>
<tr><td>^.UJ|J^JI</td><td>Nome</td><td>^^-у/Дл</td><td>ДиуДл</td><td>^ у ˉ</td></tr>
<tr><td>Ц)1л</td><td>Verbo</td><td>Цу/д3</td><td>оу)Д</td><td>^ у ˉ</td></tr>
</table>

Quadro 1.1: Exemplos de palavras com informação morfológica

Esta informação morfológica é muito importante em vários domínios do TALA, incluindo o domínio da medição automática da legibilidade.

1.3 Processamento automático de árabe

A TALN é um subdomínio da linguística, da ciência da computação, da engenharia da informação e da inteligência artificial. Preocupa-se com a interação entre os computadores e as línguas humanas e, em particular, com a forma como os computadores podem ser programados para processar e analisar grandes quantidades de dados em linguagem natural. Trata-se de um conjunto de técnicas computacionais baseadas na teoria para a análise e representação automática da linguagem humana. A investigação sobre TALN evoluiu consideravelmente. Nos primórdios da PNL, a análise de uma frase podia demorar vários minutos. Atualmente, milhões de páginas Web podem ser processadas em menos de um segundo. A TALN permite que os computadores realizem uma vasta gama de tarefas relacionadas com a linguagem natural a todos os níveis, desde a análise sintáctica até aos sistemas de tradução automática.

Nos últimos anos, o domínio da TALA registou progressos consideráveis em vários domínios e campos de aplicação, que podem ser resumidos da seguinte forma:

- **Desenvolvimento de recursos:** dicionários, léxicos, corpora, etc;
- **As ferramentas de base:** análise morfológica, desambiguação, segmentação, análise morfo-sintáctica, análise sintáctica, etc;
- **Aplicações:** tradução automática, reconhecimento e síntese de voz, reconhecimento de caracteres, sistemas de pergunta/resposta, ensino, análise de sentimentos, etc.

1.4 Legibilidade

A aprendizagem de uma língua pode ser benéfica para o desenvolvimento de uma sociedade. O sucesso do ensino depende, entre outros factores, da qualidade dos conteúdos propostos aos aprendentes, que devem ser adaptados ao seu nível. Não deve ser demasiado fácil, para não os aborrecer, nem demasiado difícil, para não os desinteressar completamente. Há muito que os profissionais da educação em diferentes línguas utilizam medidas de legibilidade para os ajudar a escolher livros e outros materiais de leitura para os seus alunos.

É fácil para os escritores escreverem textos que respeitem as regras linguísticas. No entanto, podem adotar um estilo de escrita demasiado elevado e podem também subestimar a importância da apresentação. Estes aspectos, entre outros, podem afetar a facilidade de leitura de um documento para um determinado leitor. Um texto será lido sem esforço excessivo, numa primeira leitura, se o leitor conseguir descodificar todos os caracteres tipográficos e elementos linguísticos nele contidos. Por conseguinte, a capacidade de processar integralmente um texto depende de dois aspectos principais:

1. A formatação, que diz respeito à apresentação visual de um documento (**legibilidade**);
2. **A legibilidade**, que engloba todos os elementos linguísticos (Lisibilite Linguistique: LL).

1.4.1 Legibilidade visual

Tracy [Tracy, 1986] definiu a LV como a capacidade de ler e reconhecer letras num formato claro. Afirmou que descreve o conforto do processamento visual que ocorre durante a leitura. Além disso, Lieberman [Lieberman, 1967] mencionou no seu livro que a LV é essencialmente a facilidade de distinguir uma letra de outra. Assim, a LV dos caracteres depende das suas caraterísticas de desenho. Por exemplo, um 'x' mais alto em latim é considerado mais legível. Lieberman acrescentou que a LV é a facilidade com que os olhos se podem mover e absorver o significado através das linhas.

Uma LV elevada é muito importante para a leitura, pois afecta a velocidade de leitura e o esforço necessário para identificar as letras no fagon correto. No entanto, muitos factores podem desempenhar um papel importante na LV, como a iluminação, o fundo e a fadiga do leitor. Uma baixa VL pode afetar negativamente o processo de leitura. Em [El Kah e Lakhouaja, 2018], os autores mencionaram que um conjunto de considerações sobre a escrita influencia o processo de leitura em aprendizes de árabe. Entre essas considerações, eles citaram:

1. Conectividade interna entre letras da palavra: a deteção dos limites da palavra é afetada por espaços em branco ou espaços na palavra. Esta caraterística específica afecta a velocidade do processamento visual na descodificação e leitura de palavras;
2. As diferentes formas das letras árabes em função da sua posição nas palavras: cada letra pode ter duas a quatro formas (início, meio, fim ou isolada);
3. Utilizar pontos para diferenciar gráficos;
4. Sinais diacríticos: aparecem sinais diacríticos adicionais por cima ou por baixo das letras para exprimir as vogais que ajudam o leitor a compreender.

O cumprimento de um conjunto de requisitos específicos para a apresentação de um texto a um aprendente é cada vez mais reconhecido como essencial para um sistema de aprendizagem eficaz [Al-Wabil et al., 2010]. As principais diretrizes para uma boa legibilidade visual em árabe podem ser resumidas em :

1. **A interface e as cores**: uma das competências que os leitores devem melhorar é a capacidade de manter a concentração [Di tore et al., 2014]. A investigação concluiu que as cores brilhantes e os padrões complicados podem distrair, confundir e gerar uma sobrecarga cognitiva. Por conseguinte, recomenda-se a utilização de interfaces simples, claras e arrojadas, com cores claras, para minimizar a perturbação no contacto com os leitores [Ohene-Djan e Gorle, 2003];
2. **Forma do texto**: muitos estudos identificaram e formularam diretrizes para formatar o texto de uma forma que seja mais acessível aos leitores. Estudos recentes [Chen et al., 2016] [Miniukovich et al., 2017] concluíram que as seguintes diretrizes são adequadas para apresentar o texto aos alunos:
   - Fundo bege ;
   - Tamanho de letra 16/18 pontos ;
   - Cor da letra preta ;
   - 1.5 Espaçamento entre linhas e justificação do texto ;
   - Utilização de marcadores e numeração.
3. **Tipo de letra**: a escolha do tipo de letra é importante. Para o árabe, Abubaker [Abubaker e Lu, 2012] insiste que o tipo de letra "árabe tradicional" não deve ser utilizado na conceção de textos para crianças. Para uma leitura fluente, [El Kah, 2019] recomenda a utilização do tipo de letra "árabe simplificado" com um tamanho de 16 pontos. Para textos impressos em grande formato, Alotaibi [Alotaibi, 2007] recomenda o tipo "Times New Roman".

1.4.2 Legibilidade linguística

A LL representa a facilidade com que um leitor pode compreender um texto escrito a um nível linguístico (esta noção será abordada mais detalhadamente na próxima secção). A confusão entre os dois conceitos de LV e LL surge sempre devido a uma certa sobreposição e relação entre eles. De facto, quando um texto não é visualmente legível, também não é linguisticamente legível. No entanto, quando não é muito legível do ponto de vista linguístico, é possível ser muito legível do ponto de vista visual.

No resto deste manuscrito, concentrar-nos-emos na LL, que será doravante designada por legibilidade.

1.4.3 Legibilidade em L2

Com a enorme proliferação de documentos disponíveis, nomeadamente na WEB, existe uma grande oportunidade para os professores de L1 ou L2 proporem textos adaptados às expectativas e capacidades dos seus alunos. De facto, foram publicados vários estudos sobre a legibilidade em L1 e L2 em diferentes línguas. Estes estudos combinam técnicas de PNL e de ML para ter em conta todas as dimensões lexicais, sintácticas e semânticas de um texto.

Uma questão que se coloca nesta fase é "Porquê ensinar árabe como L2? Husseinali [Husseinali, 2008] realizou um estudo para identificar as razões pelas quais as pessoas aprendem árabe como língua estrangeira. Os seus resultados indicam que os aprendentes de L2 têm uma variedade de orientações que os motivam a estudar árabe: orientações culturais e de viagens globais, orientações políticas, orientações instrumentais e orientações de identidade cultural. Há também uma orientação económica; um campo que precisa de pessoas que falem e compreendam árabe para realizar intercâmbios económicos com falantes de árabe. O número de pessoas que aprendem L2 está a aumentar constantemente: de acordo com Welles [Welles, 2004], o número de alunos inscritos em cursos de árabe em instituições de ensino superior nos Estados Unidos aumentou de 5.505 em 1998 para 10.584 em 2002. Num estudo mais recente [Looney e Lusin, 2018], os autores referem que o número de inscrições para a aprendizagem do árabe como L2 se situa entre 20 000 e 30 000. Assim, medir a legibilidade em L2 é um campo de investigação muito interessante e também um dos campos de participação da TALA.

1.5 Contribuição da TALA para a legibilidade

Atualmente, a TALA tornou-se o foco de interesse de muitos investigadores e programadores. Além disso, o número de ferramentas e aplicações TALA aumentou consideravelmente nos últimos anos. A integração destas ferramentas conduzirá a resultados positivos em programas interactivos para a aprendizagem do árabe.

A contribuição da TALA para o domínio da medição da legibilidade começou com a utilização de fórmulas matemáticas conhecidas como métodos tradicionais. Estes índices de legibilidade são uma forma de medir se a informação escrita é suscetível de ser compreendida pelo leitor a que se destina. Trata-se de um índice que pode indicar aproximadamente o nível de educação de que uma pessoa necessita para poder ler facilmente um texto.

A segunda contribuição do TALA para medir a legibilidade de um texto é a utilização de métodos ML. Foram publicados vários estudos que utilizam esta abordagem. Trata-se geralmente de um processo de aprendizagem automática supervisionada que consiste em aplicar um algoritmo de classificação às caraterísticas do texto para gerar modelos a partir de um conjunto de textos de treino pré-classificados. Os modelos são depois utilizados para classificar novos textos. O desempenho deste método depende do corpus de treino, das caraterísticas extraídas e das ferramentas TALA utilizadas para as extrair.

O domínio da medição da legibilidade, como já referimos, baseia-se principalmente em dados anotados por níveis de dificuldade, ferramentas TALA, algoritmos de classificação e outros recursos, como os dicionários de frequências. A utilização de dicionários de frequências em sistemas de medição da legibilidade baseia-se no pressuposto de que quanto mais frequente for uma palavra, mais compreensível é para os leitores de uma língua. Estes dicionários permitem a extração de toda uma categoria de caraterísticas não negligenciáveis na medição da legibilidade, que discutiremos em pormenor nos próximos capítulos. Estes dicionários são listas das palavras mais frequentes na língua em questão. Os dicionários atualmente disponíveis centram-se nos lemas e contêm geralmente uma lista dos 5.000 lemas mais frequentes com a respectiva informação morfológica e estatística. Para o árabe, é necessário distinguir entre lemas CA e MSA [Reqqass et al., 2019].

1.6 Conclusão

Neste capítulo, apresentámos uma visão geral de um certo número de conceitos. Começámos por destacar as diferentes caraterísticas da língua árabe e a especificidade da sua morfologia. Esta morfologia é descodificada por diferentes tipos de morfemas, que definimos em pormenor. Concentrámo-nos num ramo interessante do NLD, o TALA, que nos permitiu discutir a contribuição deste domínio para a legibilidade dos textos árabes. Neste capítulo, identificámos a diferença entre duas famílias de legibilidade de texto: LV e LL. No resto desta tese, centrar-nos-emos na legibilidade linguística, que será designada por legibilidade. No próximo capítulo, faremos uma revisão do estado da arte da legibilidade.

Capítulo 2

Revisão da literatura

2.1 Introdução

O conceito de classificação dos alunos por níveis teve origem na América em 1847. Os professores de ciências queriam ensinar assuntos científicos numa linguagem simples, em vez de ensinarem vocabulário científico complicado. Por conseguinte, consideraram que medir a legibilidade era essencial para determinar o que parecia legível para os seus alunos. Prever a legibilidade é também uma forma privilegiada de entrar em contacto com outras culturas e outros tempos, permitindo assim o desenvolvimento cultural e social dos países. O desenvolvimento da Web e a explosão da disponibilidade de informação tornaram particularmente fácil o acesso a um grande número de documentos escritos, favorecendo assim o contacto entre línguas e expondo o público a essa diversidade linguística. Não é, portanto, surpreendente que a escolha dos materiais a apresentar no momento do ensino das línguas seja hoje uma preocupação particularmente importante para os investigadores.

As primeiras tentativas de avaliar a legibilidade eram testes que utilizavam fórmulas matemáticas. O seu principal objetivo era medir o nível de educação de que uma pessoa necessitava para ler e compreender um texto. São consideradas formas simples de avaliar a dificuldade dos textos.

Os métodos ML são atualmente muito utilizados para avaliar a legibilidade dos textos. Estes métodos utilizam várias caraterísticas de PNL.

Neste capítulo, analisaremos um conjunto de investigações que se centram na medição da legibilidade dos textos:

- Para aprendentes L1;
- Destinado a aprendentes de L2;
- Dedicado a fins não académicos.

2.2 Fórmulas e técnicas clássicas

As fórmulas clássicas dependem de um conjunto de caraterísticas léxicas e sintácticas fáceis de calcular. Estas caraterísticas incluem o comprimento médio da palavra, o número de sílabas na palavra e o comprimento médio das frases nas palavras. Estas fórmulas são utilizadas desde 1920. Ao longo dos anos, foram objeto de uma grande evolução. A mensagem subjacente a todas estas fórmulas é a mesma: a utilização de frases curtas reduzirá o nível de dificuldade e tornará os textos mais fáceis de ler.

O processo de conceção destas fórmulas tradicionais pode ser resumido em quatro fases gerais:

1. **Conceção do corpus:** reunir um corpus anotado manualmente por nível de dificuldade (N1, N2, N3, etc.);
2. **Definição das caraterísticas**: definir uma lista de caraterísticas linguísticas da dificuldade, como o comprimento médio das palavras ou das frases. Para cada texto do corpus (Texto i), calculamos os valores de todas as caraterísticas c_{ij} recolhidas (onde c_{ij} representa a caraterística j do texto i);
3. **Geração da fórmula**: treinar um modelo estatístico com base nas caraterísticas predefinidas e no corpus recolhido. Estes modelos estatísticos são geralmente regressões lineares;
4. **Validação do modelo**: aplicar a fórmula obtida a novos textos para prever o seu grau de dificuldade.

A Figura 2.1 mostra o fluxo destas etapas para conceber uma fórmula matemática de previsão da legibilidade.

Os primórdios das fórmulas de legibilidade surgiram com a publicação de The Teacher's Word Book [Thorndike, 1921]. Neste livro, Thorndike apresentou uma lista alfabética das 10.000 palavras mais comuns em inglês. Em 1944, publicou uma extensão do Teacher's Word Book com uma lista das 30.000 palavras mais utilizadas. Dividiu este livro em duas partes. A primeira parte contém palavras que ocorrem pelo menos uma vez em cada milhão de palavras. A segunda parte contém palavras que ocorrem pelo menos uma vez em cada quatro milhões de palavras. O livro contém um conjunto pormenorizado de instruções para ser utilizado pelos professores do ensino primário.

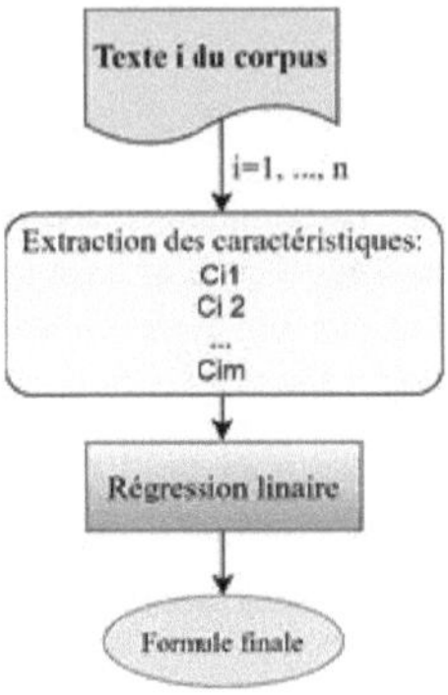

FIG. 2.1: Etapas da conceção de uma fórmula de legibilidade

e secundários para os encorajar a enriquecer o vocabulário dos alunos.

Em 1948, Rudolf Flesch, o pioneiro das fórmulas de legibilidade, publicou a fórmula "Flesch Reading Ease" [Flesch, 1948]. Esta fórmula, considerada a mais antiga, representa uma abordagem simples para avaliar o nível de um leitor. A fórmula é a seguinte:

$$\text{Facilidade } \textit{de leitura Flesch} = 206,835 - (1,015 * ASL) - (84,6 * ASW) \quad (2.1)$$

ou ***ASL*** (Average Sentence Lenght) é o comprimento médio das frases, ou seja, o número de palavras dividido pelo número de frases. ***ASW*** (Average number of Syllables per Word - número médio de sílabas por palavra) é o número médio de sílabas por palavra, ou seja, o número de sílabas dividido pelo número de palavras. O resultado da *facilidade de leitura Flesch* é um número que varia de 0 a 100. Quanto mais elevado for o número, mais fácil é a leitura do texto.

No seguimento do livro de Thorndike, George Kingsley Zipf publicou um livro em 1949, intitulado "Human behavior and the principle of least effort" [Zipf, 1949], no qual estabeleceu uma relação matemática entre palavras difíceis e fáceis, a que chamou "lei de Zipf". Esta lei é uma observação empírica sobre a frequência das palavras num texto. A lei de Zipf define a frequência da palavra de grau "n" pela fórmula :

$$f(n) = \frac{C}{n} \quad (2.2)$$

ou ***C*** uma constante.

Em 1968, surgiu uma técnica, a par das fórmulas de legibilidade, conhecida como o teste 'cloze' [Bormuth, 1968]. Bormuth considerou que as fórmulas de legibilidade eram demasiado imprecisas para serem úteis aos educadores. Por isso, descreveu no seu artigo como os professores podem utilizar o teste de cloze para determinar se o material didático é compreensível para os alunos. O procedimento para utilizar o teste de cloze envolve os seguintes passos:

- As passagens são selecionadas com base no material, cuja dificuldade deve ser avaliada;
- Cada quinta palavra das passagens é suprimida e substituída por espaços em branco sublinhados com o mesmo comprimento;
- Os testes são dados a alunos que não leram as passagens que estão a ser testadas;
- Os alunos são convidados a escrever em cada espaço em branco, sem limite de tempo, a palavra que consideram correta;
- As respostas são classificadas como corretas quando correspondem às palavras eliminadas (ignorando pequenos erros ortográficos).

A pontuação de um aluno pode ser interpretada como uma medida da sua compreensão do material em que os testes se basearam.

Em 1976, a Marinha dos Estados Unidos alterou a fórmula "Flesch Reading Ease" para "Flesch Grade-Scale" ou "Flesch-Kincaid" [Kincaid et al., 1975]. Esta fórmula tem sido utilizada para fins pedagógicos [Marr, 1982]. A fórmula também utiliza o número de sílabas por palavra e o número médio de palavras por frase. De acordo com Flesch, os escritores podem tornar os seus textos mais fáceis de ler utilizando palavras e frases mais curtas. A fórmula de *Flesch-Kincaid* é definida da seguinte forma:

$$= (0,39 * ASL) + (11,8 * ASW) - 15,59 \qquad (2.3)$$

Flesch Kincaid A análise dos resultados desta nova fórmula é muito simples. memePor exemplo, uma pontuação de 5,0 indica que uma criança de 5® anos seria capaz de ler o texto, enquanto uma pontuação de 9,3 significa que o texto é compreensível para uma criança de 9® anos.

Mais tarde, em 1983, o investigador sueco Carl-Hugo Bjornsson desenvolveu a fórmula LIX [Anderson, 1983] para calcular a dificuldade de leitura, especialmente para textos em L2. A fórmula de legibilidade LIX é definida da seguinte forma:

$$LIX = ASL + (LW * 100)/W \qquad (2.4)$$

em que ***LW*** (Long Word) é o número de palavras longas (mais de 6 letras) e ***W*** (Words) é o número total de palavras. Ao contrário da medida Flesch, quanto mais elevada for a pontuação, mais difícil é a leitura do texto.

Outros grandes contribuidores para as fórmulas de legibilidade incluem Edgar Dale e Jeanne Chall, os criadores da fórmula original de legibilidade de Dale-Chall, tal como apresentada em [Dale e Chall, 1948]. A fórmula de Dale-Chall utiliza uma contagem de palavras "difíceis", daí o seu carácter único na altura. Calcula o nível de um texto em função do comprimento da frase e do número de palavras difíceis. mePara Dale e Chall, uma palavra difícil representa uma palavra que não consta de uma lista especialmente concebida de palavras comuns familiares à maioria dos alunos do Year 4®. A fórmula original de Dale-Chall baseava-se numa lista de 763 palavras não difíceis ou familiares e é definida da seguinte forma

$$\text{Dale - } Chall = 0,1575 * (100 * AHW) + (0,0496 * ASL) \qquad (2.5)$$

ou ***AHW*** (Average number of Hard Words) é o número médio de palavras difíceis, ou seja, o número de palavras difíceis dividido pelo número total de palavras. Em 1995, Dale e Chall reviram a sua fórmula e alargaram a lista de palavras familiares a 3.000 palavras [Chall e Dale, 1995]. A nova fórmula é a seguinte:

$$\text{Dale - Salão C} = 64 - (0,95 * 100 * AHW) - (0,69 * ASL) \qquad (2.6)$$

No final dos anos 40 e nas duas décadas seguintes, foram desenvolvidas outras fórmulas simples de legibilidade, como o índice de Gunning Fog [Gunning, 1969]. Esta fórmula utiliza a contagem de palavras complexas (palavras compostas por três ou mais sílabas) da seguinte forma:

$$\text{GUNNING-FOG} = 0,4 * (ASL + (100 * ACW)) \qquad (2.7)$$

ou ***ACW*** (Average number of Complex Words) é o número médio de palavras complexas, ou seja, o número de palavras complexas dividido pelo número total de palavras.

A fórmula SMOG [McLaughlin, 1969] também foi estimada estatisticamente a partir de textos e baseia-se em descritores textuais fáceis de calcular, como se segue:

$$= 1,0430 * \sqrt{Polysyllabes * (30/Phrases)} + 3,1291 \qquad (2.8) \; SMOG$$

ou um polissílabo é uma palavra com 3 sílabas ou mais.

Tal como os índices Flesch-Kincaid, FOG e SMOG, o Índice de Legibilidade Automatizado (ARI) [Senter e Smith, 1967] fornece uma representação aproximada do nível educacional americano necessário para compreender um texto. A fórmula é a seguinte:

$$\text{ARI} = (4,71 * AWL) + (0,5 * ASL) - 21,43 \qquad (2.9)$$

ou ***AWL*** (Average Word Length) é o comprimento médio das palavras, ou seja, o número de caracteres dividido pelo número de palavras.

Todas as fórmulas anteriores foram utilizadas para atribuir classificações de dificuldade a textos e/ou para associar textos a níveis específicos nos sistemas escolares. Existem atualmente centenas de fórmulas de legibilidade para diferentes línguas, com diferentes graus de precisão e taxas de sucesso.

Embora a literatura inglesa seja rica e se estenda por quase 100 anos, os trabalhos destinados a avaliar explicitamente a legibilidade do árabe são relativamente recentes. Em 1977, [Dawood, 1977] desenvolveu a primeira fórmula utilizando três caraterísticas do texto (AWL, ASL e WF (frequência de palavras)). A fórmula é a seguinte:

$$\text{Dawood} = -(0,0533 * AWL) - (0,2066 * ASL) + (5,5543 * WF) - 1,0801 \qquad (2.10)$$

Antes do aparecimento de fórmulas e técnicas mais adequadas, houve tentativas de adaptar o teste cloze à língua árabe. Em 1982, [Hofman e Habib-Allah, 1982] efectuaram um estudo para determinar se deviam utilizar palavras ou unidades semânticas na aplicação da técnica cloze à língua árabe. O principal objetivo do seu estudo era decidir se a elisão de palavras inteiras, como em inglês, devia ser preferida à elisão de unidades semânticas que são palavras inteiras em inglês, mas que não são palavras em árabe. [1]

composto em árabe. "بِبَيْتِهِمْ"[4] "بيت"/ "ب" "هم". Por exemplo, a palavra árabe / bibaytihim , que significa "na sua casa", deve ser eliminada na totalidade, ou apenas o radical / bayt" deve ser eliminado e os clíticos e devem ser mantidos. De facto, a questão era saber se o árabe é descodificado principalmente por unidades perceptuais ou semânticas.

Os testes do estudo foram efectuados numa amostra de 584 alunos do 5°, 6° e 7° anos de quatro escolas primárias. As passagens utilizadas foram retiradas de um manual escolar do sistema escolar libanês. Cada passagem selecionada tinha, em média, cerca de 110 palavras e tinha sido colocada pelo editor do livro no quinto, sexto e sétimo anos, respetivamente. No âmbito deste estudo, foram efectuados seis testes,

mememecombinando cada método de elisão (palavra inteira e unidade semântica) com a elisão de cada unidade 5®, 6® ou 7®.

As tendências em termos de idade e frequência de omissões tendem a favorecer o método de elisão de palavras inteiras, enquanto a dificuldade presumida das passagens é consistente com o método da unidade semântica. Ambos os métodos foram considerados válidos com base nas classificações dos professores. Em suma, os autores concluíram que o método de elisão de palavras inteiras parece bem adaptado ao árabe, e não há razão para abandonar este método para utilização com o inglês e outras línguas.

Em 1984, Al Heeti [Al-Ajlan et al., 2008] desenvolveu a segunda fórmula bem conhecida para a língua árabe. Esta considera apenas o comprimento médio das palavras:

$$\text{Al } Heeti = (AWL * 4,414) - 13,468 \qquad (2.11)$$

A escolha de caraterísticas tão simples conduz a fórmulas pouco eficazes. Posteriormente, foram publicadas fórmulas mais adequadas. [Daud et al., 2013] apresentou uma fórmula desenvolvida a partir do corpus árabe da Cidade Rei Abdulaziz para a Ciência e a Tecnologia (KACSTAC) [Almujaiwel, 2016]. Este último contém 869.800 textos e 732.780.509 palavras. Os autores classificaram o corpus por frequência inversa. A palavra com maior frequência é classificada em último lugar. A fórmula proposta é a seguinte:

$$\text{pontuação} = TRF/NWS \qquad (2.12)$$

---

4 Transliteração de Buckwaiter: http://www.qamus.org/transliteration.htm (última visita em 07/11/2020)

ou *TRF* (Total Reversed Frequencies) é a soma das frequências invertidas das palavras na frase. *NWS* (Number of Words in Sentence - Número de palavras na frase) é o número de palavras na frase.

Em 2014, [Al-Tamimi et al., 2014] publicaram o Índice Automático de Legibilidade do Árabe (AARI). Os autores apresentam uma abordagem baseada em 1.196 textos árabes contendo 405.408 palavras do currículo jordaniano nas disciplinas de língua árabe, religião islâmica, ciências naturais e educação nacional e social para os graus um a dez. As estatísticas do corpus são apresentadas no Quadro 2.1.

Como o currículo jordano não está disponível em formato eletrónico, tiveram de escrever todos os textos manualmente. Foram tomadas várias medidas para pré-processar os dados recolhidos e prepará-los para as etapas seguintes de extração de caraterísticas e análise dos textos. Os passos de pré-processamento foram os seguintes:

Nível	Personagens	Palavra	Frases
1	51 076	12 005	2 066
2	65 092	15 592	2 344
3	31 608	6 752	747
4	194 976	46 021	3 453
5	245 661	62 975	4 066
6	210 729	50 714	2 821
7	246 207	58 318	5 825
8	12 046	29 042	979
9	262 495	60 753	4 225
10	262 844	63 236	2 903
Total	**1 582 734**	**405 408**	**27 085**

Quadro 2.1: Estatísticas sobre os textos recolhidos por 1 AARI

- Normalização do espaçamento entre palavras ;
- "(أ />/), (إ /</) et (آ /|/) (ا /A/)" , et "(ة /p/) (ه Converter letras em /h/)".

De seguida, utilizaram três caraterísticas que têm sido usadas e sugeridas em várias fórmulas de legibilidade: NoC (número de caracteres), ASL e AWL. A primeira fórmula básica proposta é a seguinte:

$$\text{Base AARI} = (3,28 * NoC) + (1,43 * AWL) + (1,24 * ASL) \qquad (2.13)$$

Depois de desenvolverem a fórmula de base, mapearam-na para os níveis escolares utilizando métodos de regressão e reescreveram a fórmula da seguinte forma:

$$\text{Nível escolar} = (AARI\ Base + 472,42)/1046,3 \qquad (2.14)$$

No mesmo ano, [Ghani et al., 2014] efectuou a primeira exploração para identificar caraterísticas linguísticas que podem ser utilizadas no desenvolvimento de uma fórmula para medir a legibilidade de textos árabes entre falantes não nativos na Malásia. Uma amostra de 390 alunos de toda a Malásia participou no teste. As caraterísticas linguísticas recolhidas foram analisadas em 15 textos destinados à L2. Os resultados indicaram que o nível de legibilidade destes textos era muito difícil. A categoria da frase foi uma das caraterísticas linguísticas com melhor desempenho na previsão do nível de dificuldade dos textos. Concluíram que, para desenvolver fórmulas de legibilidade para textos árabes destinados a falantes não nativos na Malásia, as suas caraterísticas podem ser utilizadas como base de medição.

Mais recentemente, [EL-Haj e Rayson, 2016] publicaram a fórmula **OSMAN** (Open Source Metric for Measuring Arabic Narratives). Ao contrário das fórmulas anteriores que não têm em conta os diacríticos, esta tem. Nesta fórmula, introduziram um novo fator chamado "Faseeh". "(ء /'/), (ئ /}/), (ؤ /&/), (ذ /*/), (ظ /Z/)" Uma letra "Faseeh" é uma das seguintes: e as letras finais "وا /wA/" ou "ون /wn/").

Avaliaram o seu método num corpus de 73 000 frases retiradas de documentos das Nações Unidas (ONU) [Ziemski et al., 2016]. [5]As frases foram escritas sem diacríticos e, para contar o número de sílabas, adicionaram os diacríticos utilizando uma ferramenta de código aberto chamada Mishkal . A fórmula é a seguinte:

$$OSMAN = 200,791 - 1,015 * A/B - 24,181 * (C + D + G + H)/A \quad (2.15)$$

em que "A" é o número total de palavras, "B" é o número total de frases, "C" é o número de palavras longas (palavras com mais de 5 letras), "D" é o número de sílabas, "G" é o número de palavras complexas (palavras com mais de quatro sílabas) e "H" é o número de palavras "Faseeh" (palavra complexa com qualquer letra "Faseeh"). Para o OSMAN, quanto mais elevada for a pontuação, mais fácil é a leitura e a compreensão do texto.

Para resumir esta secção, implementámos e avaliámos as fórmulas Flesch, LIX e OSMAN em quatro corpora diferentes (os detalhes dos corpora utilizados são apresentados no Capítulo 4). A escolha destas três fórmulas deve-se ao facto de :

1. Flesch é uma das primeiras fórmulas utilizadas no domínio da medição da legibilidade, permitindo assim determinar o impacto de caraterísticas muito simples e independentes da língua na avaliação da dificuldade do texto;
2. Lix é uma fórmula que foi aplicada à língua árabe num grande número de estudos;
3. Por último, utilizámos a fórmula OSMAN, uma vez que é uma das mais recentes fórmulas desenvolvidas especificamente para a língua árabe.

A Tabela 2.2 mostra os resultados obtidos com a fórmula de Flesch. Para os quatro corpora, a fórmula considera que todos os textos são difíceis.

O quadro 2.3 apresenta os resultados obtidos com a fórmula LIX. Os resultados obtidos

	Fácil	**Médio**	**Difícil**
Aljazeera-Learning	0%	0%	100%
MoSAR	0%	0%	100%
GLOSS-Audição	0%	0%	100%
GLOSS-Leitura	0%	0,7%	99,3%

Tabela 2.2: Resultados da aplicação de Flesch a corpora árabes

com os quatro corpora estão distribuídos de forma bastante homogénea pelas três classes.

	Fácil	**Médio**	**Difícil**
Aljazeera-Learning	7,7%	27,4%	64,9%
MoSAR	47,5%	32,9%	19,6%
Audição GLOSS	62,55%	37,45%	0%
Leitura GLOSS	52,4%	47,6%	0%

Tabela 2.3: Resultados da aplicação do LIX a corpora árabes

Finalmente, a Tabela 2.4 apresenta os resultados obtidos com a fórmula OSMAN. Ao contrário de Flesch, esta fórmula considera que a maioria dos textos dos quatro corpora é fácil.

	Fácil	**Médio**	**Difícil**
Aljazeera-Learning	58,54%	25,46%	16%
MoSAR	97,35%	0%	2,65%
Audição GLOSS	100%	0%	0%
Leitura GLOSS	100%	0%	0%

Tabela 2.4: Resultados da aplicação do OSMAN a corpora árabes

5 http://sourceforge.net/projects/mishkal/ (última visita em 07/11/2020)

Concluímos, portanto, que este tipo de fórmula não funciona muito bem e que precisamos de outros métodos e técnicas que ofereçam maior precisão e desempenho.

2.3 Avaliar a legibilidade através da auto-aprendizagem

Dada a fragilidade das fórmulas de legibilidade, tem havido um grande interesse na utilização de técnicas de ML. A avaliação da legibilidade pode ser vista como um problema de regressão e de classificação. No entanto, estudos demonstraram que a classificação é mais exacta e aplicável do que a regressão [Feng et al., 2010].

O processo de previsão da legibilidade, baseado em técnicas de ML, compreende três fases principais:

1. Constituição de um corpus de referência: a qualidade e a quantidade dos textos que compõem o corpus são importantes;
2. Transformação dos textos do corpus em vectores de caraterísticas: a escolha das caraterísticas a extrair é uma etapa essencial na construção do modelo de previsão;
3. Aplicação de um algoritmo de classificação aos dados.

A principal diferença entre as abordagens propostas para a avaliação automática da legibilidade do texto reside na qualidade do corpus, das caraterísticas e do algoritmo de classificação. Com estas novas abordagens, foram utilizadas caraterísticas simples nos primeiros modelos de ML para avaliação da legibilidade do texto, como o número médio de caracteres ou sílabas nas palavras, o número médio de palavras nas frases, o número de frases num texto e modelos linguísticos simples. A utilização de caraterísticas sintácticas mais complexas também conduziu a modelos mais precisos.

A Figura 2.2 mostra o fluxo do desenvolvimento destes modelos. A entrada para o processo é o conjunto de textos do corpus anotados com níveis de dificuldade e informação morfológica utilizando analisadores morfológicos. A informação morfológica dos textos, juntamente com outros recursos, como dicionários de frequências, modelos linguísticos e/ou léxicos, é utilizada para extrair vectores de caraterísticas dos textos. Estes vectores são a entrada para a fase de aprendizagem, que consiste em treinar um algoritmo nos vectores para gerar um modelo que será utilizado para prever novas observações (textos que não fazem parte do corpus de aprendizagem).

A escolha do corpus e das caraterísticas depende muito do tipo de leitor. Temos três tipos de leitores:

1. Os aprendentes de uma língua como primeira língua ou L1 ;
2. Os aprendentes de uma língua como língua estrangeira ou L2 ;
3. Leitores em geral numa só língua (leitores de jornais, brochuras médicas, etc.).

Nas subsecções seguintes, começamos por detalhar as categorias de caraterísticas utilizadas no estado da arte e, em seguida, apresentamos os diferentes algoritmos.

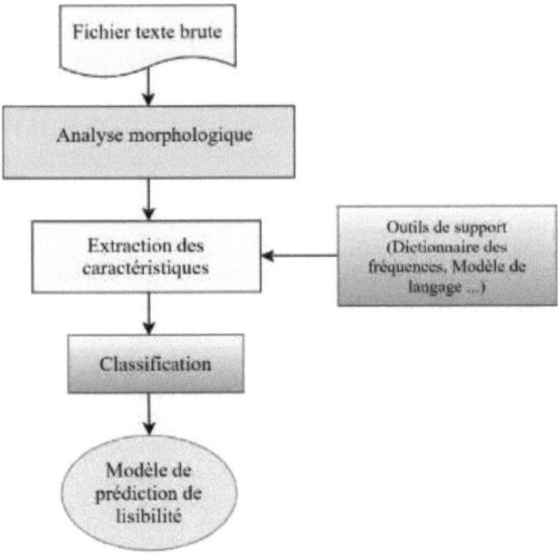

FIG. 2.2: Fases do desenvolvimento de um modelo de previsão

aplicados. Os corpora de aprendizagem utilizados nos diferentes estudos serão discutidos nas secções 2.4 e 2.5.

2.3.1 Caraterísticas utilizadas para medir a legibilidade

Nesta secção, abordamos as diferentes caraterísticas linguísticas utilizadas nas técnicas de medição automática da legibilidade. Agrupámo-las em três famílias, de acordo com o tipo de informação que é suposto contribuírem para o modelo de legibilidade: lexical, sintáctica ou semântica. Cada família foi depois subdividida numa série de subfamílias, como se segue:

1. **Caraterísticas lexicais**: numerosos estudos demonstraram que o nível lexical é a fonte de informação mais importante para a legibilidade. Estes factores actuam essencialmente ao nível do reconhecimento das palavras, ou seja, na fase em que um conjunto de caraterísticas é reconhecido como uma palavra pertencente ao léxico mental de um indivíduo. Estes factores são os seguintes:

- *Comprimento* das palavras: a utilização do comprimento médio das palavras remonta aos primeiros trabalhos neste domínio. A sua utilização é justificada pela hipótese de que quanto mais longa for uma palavra, mais difícil é a sua descodificação;
- *Frequência lexical*: as variáveis de frequência de palavras baseiam-se no pressuposto de que existe uma forte associação entre a frequência das palavras na língua e a sua legibilidade. A técnica mais comum, utilizada por [Dale e Chall, 1948] e outros, consiste em definir uma lista das palavras mais frequentes e calcular a percentagem de palavras ausentes desta lista para um determinado texto. Uma palavra desta lista é considerada familiar;
- *plausibilidade textual*: esta família de variáveis também se baseia no efeito de frequência, mas é abordada utilizando n-gramas. O seu objetivo é estimar a probabilidade de uma sequência de palavras existir na língua;
- *Diversidade lexical*: outro efeito evidenciado na fase de reconhecimento de palavras é o efeito de repetição de palavras. Este efeito prevê que o reconhecimento de palavras é mais fácil se a palavra já tiver sido encontrada anteriormente no texto. Por extensão, quanto menos variado for o vocabulário de um texto, mais fácil se espera que o texto seja.

2. **Caraterísticas sintácticas**: o nível sintático constitui uma segunda linha de investigação na medição da legibilidade, que já não emerge da fase de descodificação das palavras, mas já da fase de

compreensão do texto. Embora sejam geralmente consideradas menos eficazes do que as variáveis lexicais, melhoram o desempenho dos modelos. Mencionamos três subfamílias muito utilizadas:

- *Comprimento da frase*: refere-se ao comprimento médio das frases, que pode ser medido em caracteres, palavras ou hastes;
- *A complexidade das formas verbais*: a hipótese subjacente a esta família é que certas formas verbais (tempos ou modos) são mais difíceis de decifrar do que outras;
- *Rácios de categorias gramaticais*: cada texto é constituído por uma série de unidades pertencentes a classes gramaticais específicas. A frequência relativa de ocorrência de certas categorias gramaticais é indicativa da dificuldade dos textos.

3. **Caraterísticas semânticas**: trabalhos mais recentes exploraram também esta dimensão, sem obterem provas mais conclusivas para esta família.

2.3.2 Algoritmos de classificação

Os algoritmos de classificação utilizados na maioria dos trabalhos podem ser resumidos na lista seguinte:

- [3]**ZeroR (Zero-attribute-Rule)**: o método de classificação mais simples, baseado no alvo e ignorando todas as caraterísticas. O classificador ZeroR prevê simplesmente a classe maioritária. Embora o ZeroR não tenha poder de previsão, é útil para determinar um desempenho de base que pode ser utilizado como referência para outros métodos de classificação;
- [4]**OneR (One-attribute-Rule)**: um algoritmo de classificação simples que gera uma regra para cada caraterística dos dados e, em seguida, seleciona a regra com o menor erro total como a "regra única";
- **Algoritmos de árvore de decisão**: o objetivo deste tipo de método é construir uma função de classificação que pode ser representada por uma árvore, que é construída da raiz para as folhas. Os exemplos são discriminados com base nas suas classes e nos atributos considerados como os melhores entre todos os outros. Os exemplos utilizados no estado da arte são o **J48** [Bhargava et al., 2013] e o **Random Forest** [Breiman, 2001];
- **k-nearest neighbors** [Mucherino et al., 2009]: um algoritmo que armazena todos os casos disponíveis e classifica os novos casos de acordo com uma medida de semelhança;
- **SMO (Sequential Minimal Optimization)** [Zhao e Yu, 2005]: um algoritmo rápido muito utilizado para treinar **SVMs** (Support Vetor Machines). O algoritmo SMO pode ser considerado como um método de decomposição, em que um problema de otimização multivariada é decomposto numa série de subproblemas. Cada subproblema optimiza uma função objetivo de um pequeno número de variáveis, normalmente uma única variável. Todas as outras variáveis são tratadas como constantes que permanecem inalteradas no subproblema.

2.4 Trabalhos dedicados a L2

Em 2006, [Heilman et al., 2006] criaram o sistema de tutoria REAP. Um sistema concebido para ajudar os aprendentes de inglês como segunda língua a melhorar o seu vocabulário. A ferramenta define o nível de cada documento de acordo com os níveis das palavras individuais que contém. Utiliza **SVM** para obter uma previsão e uma abordagem simples de "saco de palavras" para determinar o nível [Collins-Thompson e Callan, 2004]. Fornece uma estimativa da dificuldade do vocabulário principal e pode ser utilizada como referência para comparar outras medidas mais sofisticadas e determinar o nível de contribuição.

3. `https://www.saedsayad.com/zeror.htm` (última visita em 07/11/2020)

4. `https://www.saedsayad.com/oner.htm` (última visita em 07/11/2020) de conhecimento. Posteriormente, [Vajjala e Meurers, 2012] relataram um estudo em que testaram o impacto das caraterísticas lexicais e sintácticas consideradas significativas na avaliação da competência linguística na aquisição de uma segunda língua. Obtiveram valores de precisão de cerca de 90% com as 10 melhores caraterísticas. As caraterísticas lexicais parecem ter um maior contributo do que as

caraterísticas sintácticas.

Para responder à pergunta: "Será que o PNL e o ML melhoram as fórmulas tradicionais de legibilidade?", [François e Miltsakaki, 2012] efectuaram um estudo no qual compararam as fórmulas clássicas com métodos modernos que utilizam caraterísticas do PNL e técnicas de ML. As suas experiências foram realizadas num corpus de francês como língua estrangeira composto por 408 textos e 127 681 palavras. Concluíram que :

- As novas técnicas de legibilidade produziram melhores resultados do que as fórmulas matemáticas;
- As caraterísticas "não clássicas" foram ligeiramente mais informativas do que as clássicas.

Em 2019, [Mohammadi e Khasteh, 2019] argumentaram que os modelos de ML são altamente dependentes da língua e não têm um bom desempenho para textos curtos. Introduziram a utilização de modelos de Aprendizagem por Reforço Profundo para melhorar os modelos de avaliação da legibilidade do texto. A aplicação destas técnicas requer corpora muito grandes, que não estão disponíveis para todas as línguas.

[6]Para o árabe como L2, a maior parte da investigação publicada utilizou corpora retirados do Global Language Online Support System (GLOSS). [7]Os textos desta plataforma foram desenvolvidos pelo Defense Language Institute Foreign Language Center (DLIFLC), que é considerado uma das principais escolas de línguas estrangeiras. A plataforma oferece milhares de limões em dezenas de línguas para que os alunos independentes possam reforçar as suas competências de compreensão oral e de leitura.

Os textos MSA no GLOSS são anotados com cinco níveis de dificuldade, utilizando a escala Interagency Language Roundtable (ILR) [Clark e Clifford, 1988]. A escala é utilizada para medir as competências linguísticas no governo federal dos EUA. A escala avalia as competências linguísticas das pessoas em níveis de 0 a 5. Os níveis 0+, 1+, 2+, 3+ ou 4+ são utilizados quando as competências de uma pessoa excedem largamente as de um determinado nível, mas são insuficientes para atingir o nível seguinte. Isto significa que existem 11 níveis no total. Estes níveis podem ser atribuídos individualmente a diferentes competências, por exemplo, ler, falar, ouvir, escrever, traduzir a partir de uma fonte escrita, etc. Algumas destas competências podem ser designadas por abreviaturas, por exemplo, "S-1" para o nível 1 da língua falada. O quadro 2.5 enumera os níveis de dificuldade do ILR e as suas interpretações.

Nível de leitura	**Interpretação**
0	Sem competências
1	Competências básicas
2	Competência limitada
3	Competências profissionais
4	Plena competência profissional
5	Domínio da língua materna ou bilingue

Quadro 2.5: Interpretação dos níveis de dificuldade do ILR

Em janeiro de 2020, a plataforma GLOSS continha 510 limões para a MSA. O quadro 2.6 apresenta as estatísticas pormenorizadas desta recolha.

Nível	**Leitura**	**Ouvir**	**Total**
1	34	44	78
1 +	29	18	47
2	96	67	163
2+	70	63	133

6 https://gloss.dliflc.edu/ (última visita em 07/11/2020)

7 https://www.dliflc.edu/about/ (última visita em 07/11/2020)

3	49	40	89
Total	**278**	**232**	**510**

Quadro 2.6: Estatísticas GLOSS-MSA

Em 2014, Forsyth descreveu na sua tese [Forsyth, 2014] um sistema que explora o ML para prever automaticamente a legibilidade de MSA. O estudo baseia-se num corpus GLOSS composto por 179 textos e 74 776 palavras, dividido aleatoriamente em três secções: aprendizagem, teste de desenvolvimento (devTest) e avaliação (Tabela 2.7). Os conjuntos de aprendizagem e desenvolvimento representam 80% do corpus e o conjunto de avaliação representa os restantes 20%. Os conjuntos de aprendizagem e desenvolvimento são novamente subdivididos por uma nova divisão 80/20%.

Para calcular as caraterísticas dependentes da frequência, utilizou um dicionário desenvolvido por [Buckwalter e Parkinson, 2014]. Cada entrada no dicionário representa um lema que é acompanhado de outras informações (PoS, frequência, ...). Para-

Nível	Textos	Aprendizagem	DevTest	Avaliação
1	20	13	3	4
1+	14	9	2	3
2	80	51	13	16
2+	40	26	6	8
3	25	16	4	5
Total	**179**	**115**	**28**	**36**

Tabela 2.7: Estatísticas sobre o corpus de [Forsyth, 2014].

syth obteve a maior parte destas caraterísticas a partir deste dicionário. Para anotar o corpus, utilizou o MADA (Morphological Analysis and Disambiguation of Arabic) [Habash et al., 2009]. Incluiu caraterísticas lexicais e morfológicas no processo de geração do modelo. No total, desenvolveu 162 caraterísticas. Estas caraterísticas representam o vetor que será a entrada para a fase de aprendizagem. [8]Nesta última fase, utilizou o sistema "Tilburg Memory-Based Learner (TiMBL)" [Daelemans et al. [Daelemans et al., 2004]. Com base na validação cruzada, o autor apresentou um valor máximo de F-measure de 0,52 e 0,78 para cinco e três classes, respetivamente. As três classes são obtidas através do agrupamento dos níveis 1 e 1+ e dos níveis 2+ e 3.

No mesmo ano, [Cavalli-Sforza et al., 2014] descreveram no seu trabalho um estudo com o objetivo de avaliar se um determinado texto é adequado para um aprendente de MSA como língua estrangeira. A Tabela 2.8 resume os recursos que utilizaram para conceber o seu corpus.

Fonte	Textos	Palavra	Lemas
Livro de texto Al-Kitaab [9]	71	18 784	3 802
Instrutor de árabe da UAI[10]	23	13 976	3 644
Currículo sírio	10	10 781	2 659
Jornais em linha	10	6 125	1 262

Tabela 2.8: Estatísticas sobre o corpus de [Cavalli-Sforza et al., 2014]

Centraram-se no conteúdo de vocabulário dos programas e textos dos alunos, bem como noutras caraterísticas relacionadas com as palavras. O modelo tem uma precisão de cerca de 60%.

Em 2015, [Saddiki et al., 2015] realizaram um estudo no qual avaliaram a utilidade de caraterísticas lexicais e morfológicas. Também recolheram um corpus da plataforma GLOSS composto por 251 textos e 88.023 palavras distribuídas por cinco níveis de legibilidade, como mostra a Tabela 2.9.

---

8 https://languagemachines.github.io/timbl/ (última visita em 07/11/2020)

9 Textos retirados do livro "Al-Kitaab textbook", primeira parte [Eros, 2005] e segunda parte [Brustad, 2007].

10 Textos pré-atribuídos por um professor de árabe

Nível	Textos	Palavra	Lemas
1	33	6 254	2 192
1+	28	5 128	1 970
2	91	32 438	6 210
2+	63	25 125	5 156
3	36	19 078	4 553
Total	**251**	**88 023**	**20 081**

Quadro 2.9: Estatísticas sobre o corpus de [Saddiki et al., 2015]

Compilaram 35 caraterísticas simples com o objetivo de estabelecer uma base de referência para a investigação futura sobre a avaliação da legibilidade. Os seus resultados sugerem que um pequeno conjunto de caraterísticas facilmente calculáveis pode ser indicativo do nível de leitura de um texto. Apresentam um valor máximo de precisão de 59,76% e uma medida F máxima de 0,58, utilizando uma classificação de cinco classes e o algoritmo Random Forest. Para aplicar a classificação a conjuntos de dados equilibrados entre classes, utilizaram uma distribuição de três classes, como a utilizada por Forsyth. Com esta nova classificação de documentos em três classes, obtiveram uma exatidão máxima de 73,31% e uma medida F máxima de 0,73.

Por último, em 2018, [Saddiki et al., 2018] realizaram um estudo no qual utilizaram 146 caraterísticas baseadas num corpus GLOSS composto por 576 textos MSA. O seu melhor resultado de precisão foi de 72,4%, enquanto obtiveram uma medida F máxima de 0,61 utilizando SVM e uma classificação de três classes.

2.5 Trabalho dedicado a L1

[9] [11]Em 2010, [Feng et al., 2010] realizaram um estudo com o objetivo de prever a legibilidade de textos em inglês destinados a alunos do ensino primário com base num corpus recolhido do "Weekly Reader". Examinaram uma série de caraterísticas e concluíram que as caraterísticas relacionadas com o PdS, nomeadamente os substantivos, são individualmente muito úteis, mas altamente correlacionadas. Também referiram que o comprimento médio das frases é mais útil - e menos dispendioso de calcular - do que as caraterísticas sintácticas individuais, e que a combinação destas caraterísticas melhorou o desempenho dos modelos de previsão. Mais recentemente, [Crossley et al., 2017] estavam interessados em prever a compreensão, o tempo de leitura e a familiaridade com o texto para leitores adultos. Examinaram a utilização de caraterísticas relacionadas com diferentes níveis de linguagem: lexical, sintático e semântico. No seu estudo, utilizaram caraterísticas mais estreitamente relacionadas com modelos teóricos e psicolinguísticos de leitura do que a maioria dos estudos anteriores. Exemplos destas variáveis incluem a idade de aquisição das palavras e o tempo de resposta das decisões lexicais [Meyer e Schvaneveldt, 1971].

Os trabalhos sobre a língua árabe começaram em 2010 com [Al-Khalifa e Al- Ajlan, 2010], que apresentaram um protótipo, denominado "Arability". Para construir o seu protótipo, foram integradas duas ferramentas:

1. SRILM (SRI Language Modeling) [Stolcke, 2004]: conjunto de ferramentas desenvolvido pelo SRI Speech Research and Technology Laboratory em 1995. É utilizado para construir modelos linguísticos estatísticos que são utilizados no reconhecimento da fala, na tradução automática e noutras aplicações. É utilizado para gerar e avaliar um modelo linguístico baseado em estatísticas de N-gramas;
2. WEKA (Waikato Environment for Knowledge Analysis) [Holmes et al., 1994]: ferramenta desenvolvida pela Universidade de Waikato, na Nova Zelândia, em 1993. Fornece implementações de algoritmos de ML e contém ferramentas para pré-processamento de dados, classificação, regressão, agrupamento, regras de associação e visualização.

Quanto ao corpus, recolheram manualmente um conjunto de dados dos livros de leitura dos currículos

11 `http://www.weeklyreader.com` (última visita em 07/11/2020)

elementar, intermédio e secundário das escolas da Arábia Saudita. O seu corpus é constituído por 150 textos e 57 089 palavras. Os textos que compõem o corpus estão anotados com três níveis de legibilidade: fácil, médio e difícil. A Tabela 2.10 apresenta estatísticas sobre o corpus. Foram utilizadas cinco caraterísticas: comprimento médio das frases, comprimento médio das palavras, número médio de sílabas por palavra, frequência das palavras e pontuação de perplexidade para um modelo linguístico de duplo grama. Obtiveram uma taxa de precisão de 77,77%, utilizando um algoritmo de classificação SVM e três níveis.

Nível	Documentos	Palavra	ASL/Doc	AWL/Doc
Fácil	50	4 729	3,95	4,38
Médio	50	24 810	6,37	4,56
Difícil	50	27 550	7,72	4,77

Tabela 2.10: Estatísticas sobre o corpus de [Al-Khalifa e Al-Ajlan, 2010].

Em 2014, os autores da fórmula AARI (ver secção 2.2) agruparam os seus dez níveis em três classes (fácil, médio e difícil) e, em seguida, aplicaram SVM utilizando o valor da fórmula AARI. Obtiveram uma precisão média de 83,23%.

Em 2018, [Saddiki et al., 2018] realizaram um estudo para prever a legibilidade da L1 com base nas 146 caraterísticas que utilizaram para a L2. Este estudo foi realizado com um corpus desenvolvido por [Al Khalil et al., 2018]. Esse corpus é composto por 27.688 textos divididos em quatro níveis de legibilidade. Os três primeiros níveis foram extraídos de livros didáticos dos Emirados Árabes Unidos, como segue:

1. **Nível 1** contém textos do primeiro ao quarto ano;
2. **Nível 2** contém textos do quinto ao oitavo ano;
3. **Nível 3** contém textos do 9º ao 12º ano.

O quarto nível contém romances. O seu melhor resultado de exatidão é de 94,8%, obtido utilizando um classificador SVM nas quatro classes.

2.6 Comparação da investigação em L1 e L2 em a língua árabe

Nesta secção, faremos uma comparação entre os corpora e as caraterísticas do trabalho realizado em L1 e L2. A Tabela 2.11 resume os corpora discutidos neste capítulo. Para cada corpus, a tabela apresenta os autores que o publicaram, o número de textos que contém, o número de palavras e se se destina à L1 ou à L2.

Autores	Número de textos	Número de palavras	Tipo
Al-Khalifa e Al-Ajlan [2010]	150	57 089	L1
Al-Tamimi et al [2014].	1 196	432 250	L1
Cavalli-Sforza et al [2014]	114	49 666	L2
Forsyth [2014]	179	74 776	L2
Saddiki et al [2015]	251	88 023	L2
EL-Haj e Rayson [2016]	73 000 frases	1,8 M	L1
Saddiki et al [2018]	27 688	6,9M	L1
Saddiki et al [2018]	576	186 125	L2

Tabela 2.11: Comparação dos corpora árabes utilizados para a legibilidade

A Tabela 2.12 resume as caraterísticas abordadas neste capítulo. Apresenta, para cada obra, os autores que a publicaram, o número de caraterísticas estudadas e as suas categorias. As categorias estudadas são (ver secção 2.3.1): frequência lexical (FL), plausibilidade textual (PT), diversidade lexical (DL), comprimento das palavras (LM), comprimento das frases (LF) e relações entre categorias gramaticais

(RCG).

Autores	N.º de variáveis	LF	TP	LD	WL	SL	GCR
Al-Khalifa e Al-Ajlan [2010]	5	/	/		/	/	
[Al-Tamimi et al., 2014]	7				/	/	
Cavalli-Sforza et al [2014]	7			/	/	/	
Forsyth [2014]	162	/		/	/	/	/
Saddiki et al [2015]	35			/	/	/	/
EL-Haj e Rayson [2016]	6				/	/	
Saddiki et al [2018]	146	/	/	/	/	/	/

Quadro 2.12: Comparação das caraterísticas de legibilidade

2.7 Avaliar a legibilidade para pessoas com deficiência

As pessoas com deficiência têm dificuldades na compreensão da leitura e no processamento da informação, o que afecta o seu sucesso escolar, a sua empregabilidade e a sua inclusão social. O principal objetivo desta secção é apresentar um conjunto de trabalhos que avaliam a legibilidade dos textos para estas pessoas, especificamente as que têm :

1. Perturbações do processamento auditivo (APD) ;
2. Dificuldades de aprendizagem (DA): pessoas que sofrem de dislexia, disgrafia e/ou discalculia.

[Hickson, 2020] está interessado na legibilidade e na qualidade da informação em linha para pessoas com DPA. O seu estudo baseou-se em 210 páginas Web específicas de países de língua inglesa. A legibilidade destas páginas foi avaliada utilizando as fórmulas de legibilidade FOG, SMOG e Flesch. Verificou-se que a informação em linha apresentava um elevado nível de legibilidade para os TTA. As páginas Web não comerciais (fontes governamentais e académicas) apresentavam deficiências de legibilidade mais evidentes do que as páginas Web comerciais. Concluiu que é necessário desenvolver novos materiais que adoptem iniciativas de linguagem clara, a fim de produzir materiais de alta qualidade que sejam mais compreensíveis para este grupo de pessoas.

Para LD, em 2015 [Anoual e Lakhouaja, 2015] referiram que uma média de cerca de 7% da população marroquina sofre de dislexia, uma perturbação da leitura que afecta negativamente a capacidade de ler e compreender textos. Para esta população específica, a maior parte da investigação centrou-se na legibilidade visual. Poucos estudos se centraram na legibilidade linguística. Em 2009, [Feng et al., 2009] realizaram um estudo sobre a legibilidade para pessoas com DA com base num corpus de textos em inglês. Recolheram opiniões sobre a legibilidade dos textos do corpus junto dos utilizadores-alvo antes de conceberem o seu modelo de legibilidade preditivo. Os seus contributos podem ser resumidos da seguinte forma:

1. Um corpus de textos com classificações de legibilidade de adultos com DL;
2. Um conjunto de caraterísticas destinadas a medir a legibilidade;
3. Uma avaliação da utilidade destas caraterísticas na previsão da legibilidade para adultos com DA.

Mais tarde, [Rello et al., 2013b] apresentaram uma experiência, relativa à língua espanhola, que mostra que a utilização de palavras frequentes e de palavras curtas melhora a legibilidade para as pessoas com dislexia. A experiência envolveu 46 pessoas, 23 das quais com dislexia e 23 como grupo de controlo.

2.8 Avaliar a legibilidade dos documentos médicos

Alguns estudos centram-se na medição dos níveis de dificuldade de textos destinados a fins não educativos. A informação médica e, em particular, a informação em linha sobre saúde, é um exemplo desse tipo de textos. Foram utilizadas várias fórmulas e ferramentas para avaliar a legibilidade da informação sobre saúde em várias línguas. Em 2004, [Gemoets et al., 2004] efectuaram um estudo no qual compararam dois métodos de avaliação da legibilidade de documentos de saúde escritos em inglês: o procedimento Cloze e fórmulas de legibilidade. Os resultados sugerem que a medição automática da legibilidade pode fornecer uma primeira aproximação razoável para prever a legibilidade dos textos de saúde do consumidor. Identificaram também vários factores linguísticos como candidatos para melhorar o desempenho da medição automática da legibilidade. Cinco anos mais tarde, [Shedlosky-Shoemaker et al., 2009] forneceram no seu estudo diretrizes para avaliar a legibilidade e a qualidade dos conteúdos relacionados com a saúde, bem como uma demonstração da avaliação da legibilidade e das suas limitações.

Em [Cronin et al., 2011], os autores avaliaram a legibilidade dos folhetos informativos dos doentes na Irlanda. Utilizaram a fórmula SMOG para avaliar 45 folhetos informativos destinados a adultos. Verificaram que a maioria dos documentos estava escrita com um nível de legibilidade excessivamente elevado.

Para avaliar a legibilidade das páginas Web de diagnóstico oftalmológico escritas em inglês, [Edmunds et al., 2013] realizaram um estudo no qual aplicaram quatro fórmulas de legibilidade: Flesch-Reading Ease, Flesch-Kincaid, SMOG e Gunning Fog. Os seus resultados mostraram que 83% das páginas WEB estudadas foram consideradas "difíceis".

Em [Daraz et al., 2018], os autores demonstram que as informações de saúde em linha devem atingir o nível de leitura do público em geral (fixado no nível do sexto ano) e que tal pode ajudar a melhorar a qualidade dos cuidados. Os autores realizaram um estudo para avaliar a legibilidade das informações de saúde online nos Estados Unidos e no Canadá. Os autores avaliaram 157 estudos e concluíram que as informações de saúde em linha nos Estados Unidos e no Canadá têm um nível de legibilidade que não é adequado para utilização pelo público em geral.

No caso da língua árabe, os trabalhos de avaliação da legibilidade das informações de saúde, nomeadamente das brochuras de informação médica, estão a dar os primeiros passos. [Alotaibi et al., 2016] apresentaram um projeto que explora a possibilidade de avaliar a legibilidade de brochuras de informação médica em árabe utilizando técnicas de ML. Para o efeito, desenvolveram um corpus recolhido de :

- [12]**KAAHE** (King Abdullah bin abdulaziz Arabic Health Encyclopedia): enciclopédia governamental árabe em linha sobre saúde pública;
- [13]**SFDA** (Saudi Food and Drug Authority): um organismo governamental independente. Recolheram folhetos informativos sobre medicamentos apresentados pelos fabricantes à SFDA.

O corpus contém 1112 brochuras anotadas com três níveis de dificuldade: fácil, médio e difícil.

Em 2018, [Al-Aqeel et al., 2018] realizaram um estudo com o objetivo de avaliar a legibilidade de textos sobre avisos, tanto em termos de uso de vocabulário quanto de estrutura de frases. Neste estudo, eles usam o mesmo corpus que o anterior. A avaliação foi realizada por especialistas e pacientes ao nível da frase, utilizando três categorias (fácil, médio ou difícil). No total, foram avaliadas 4.476 frases, incluindo 2.231 frases do SFDA, como mostra a Tabela 2.13, e 2.245 frases do KAAHE, como mostra a Tabela 2.14.

Concluíram que para :

- Na SFDA, a maioria das frases difíceis vem da secção "What (name of the product) is it and what it is used for", que descreve os ingredientes activos, o modo de ação, etc.

	Fácil	Médio	Difícil
Peritos	1 518 (68%)	534 (24%)	179 (8%)
Doentes	1 691 (76%)	369 (17%)	171 (8%)

Quadro 2.13: Avaliação das sentenças do SFDA

	Fácil	Médio	Difícil

12 http://www.kaahe.org (última visita em 07/11/2020)

13 https://www.sfda.gov.sa/ (última visita em 07/11/2020)

Peritos	1 706 (76%)	384 (17%)	155 (7%)
Doentes	1 886 (84%)	247 (11%)	112 (5%)

Quadro 2.14: Avaliação das frases KAAHE

e indicações. Na segunda ordem, segue-se a secção "Antes de tomar (nome do produto)", que descreve as precauções e contra-indicações, seguida da secção "Possíveis efeitos secundários".

- Na ficha KAAHE, a maior parte das frases difíceis provém da secção "interação medicamentosa", seguida da secção "classificação terapêutica e dosagem" e depois da secção "mecanismo de ação".

Os seus resultados sugerem que o conteúdo do SFDA e do KAAHE é difícil, nomeadamente no que diz respeito aos efeitos secundários e às precauções a tomar nos folhetos informativos.

2.9 Conclusão

A avaliação da legibilidade de textos é um problema testado e comprovado que se torna ainda mais relevante no mundo atual, rico em informação. Neste capítulo, fornecemos informações de base sobre a forma como a legibilidade do texto é avaliada automaticamente, quer utilizando métodos clássicos, quer com base nos actuais algoritmos de aprendizagem automática para modelação automática e previsão da dificuldade de leitura do texto.

A nossa revisão do campo destacou a contribuição de uma variedade de investigação publicada na área da medição da legibilidade, tanto baseada em dados como personalizada, bem como de colecções de testes e medidas de avaliação de textos. Destacámos as dificuldades metodológicas e técnicas encontradas no desenvolvimento e avaliação de modelos personalizados fiáveis.

A avaliação automática da legibilidade de textos continua a ser um domínio promissor que aborda o cerne da compreensão da linguagem humana. A necessidade de testes automáticos eficazes de legibilidade de textos existirá enquanto houver linguagem humana e o desejo de as pessoas aprenderem e se informarem mutuamente, e enquanto os nossos modelos computacionais da linguagem e da aquisição da linguagem continuarem a desenvolver-se. A avaliação da legibilidade de textos centrada no utilizador, baseada em dados e no conhecimento, é uma direção de investigação empolgante e promissora, profundamente ligada aos nossos problemas de investigação mais difíceis em matéria de modelização e interpretação da linguagem humana. Os progressos na avaliação da legibilidade dos textos serão a chave para uma vasta gama de aplicações que ajudarão as pessoas a aprender e a comunicar, quer na escola primária quer ao longo da vida.

Capítulo 3

Dicionário de frequências para árabe

3.1 Introdução

O ensino da língua árabe espalhou-se por quase todas as regiões do mundo. Dado que esta mudança ocorreu rapidamente, o domínio do ensino da língua árabe tem-se esforçado por fornecer materiais e recursos de elevada qualidade. Este capítulo é um contributo para esse esforço.

Embora os manuais escolares forneçam vocabulário em todos os capítulos, quase nunca há qualquer indicação das palavras que o aprendente tem maior probabilidade de encontrar nos textos. Para os aprendentes autónomos, a situação é ainda mais frustrante. Podem pegar numa obra de ficção ou num jornal e começar a trabalhar o texto procurando palavras desconhecidas num dicionário. Mas muitas vezes têm a desagradável sensação de que o seu tempo poderia ser maximizado se pudessem começar com as palavras mais comuns em árabe, utilizando-as como vocabulário de base sobre o qual podem construir mais leituras. Por último, os dicionários de frequências podem ser uma ferramenta valiosa para os professores de línguas e para os criadores de materiais. Acontece frequentemente que os alunos de um curso de línguas têm lacunas no seu vocabulário. Nesses casos, o professor sente-se muitas vezes frustrado, pois parece não haver uma forma sistemática de fazer com que os alunos menos avançados se tornem mais rápidos. Com um dicionário de frequências, os alunos podem trabalhar com a lista de palavras conhecidas para preencher as lacunas do seu vocabulário, de modo a utilizar o seu tempo da forma mais eficiente possível. E quando os criadores de materiais didácticos estão a tentar desenvolver material para os seus alunos, o dicionário de frequências pode ser usado como um guia para avaliar a dificuldade e a utilidade de qualquer texto ou exercício proposto que envolva vocabulário.

Dado que os dicionários de frequências são recursos indispensáveis para o desenvolvimento de modelos de previsão de legibilidade, e dada a indisponibilidade de dicionários adaptados e de acesso livre, apresentamos neste capítulo o nosso dicionário de frequências, composto pelos 5000 lemas árabes mais frequentemente utilizados. Cada entrada desta lista contém o lema, as suas partes do discurso (PdV) e informação estatística resumida sobre a utilização deste lema. O dicionário é baseado em pares (lema, PdV).

3.2 Dicionários de frequências existentes

Existe um consenso crescente de que a informação sobre a frequência tem um papel a desempenhar na aprendizagem das línguas. Os dados derivados de corpora permitem determinar a frequência de cada palavra numa língua. Esta informação pode então ser integrada na aprendizagem das línguas. Foram publicados dicionários de frequências em várias línguas para apoiar o ensino, por um lado, e o desenvolvimento de instrumentos de medição da legibilidade, por outro. Estes dicionários incluem: "A frequency dictionary of Portuguese: Core vocabulary for learners" [Silva, 2009], "A frequency dictionary of French: Core vocabulary for learners" [Lonsdale e Le Bras, 2009], e "A Frequency Dictionary of Contemporary American English: Word Sketches, Collocates and Thematic Lists" [Davies e Gardner, 2013]. Todos estes dicionários de frequências apresentam uma lista das 5000 palavras mais frequentes na língua em causa.

As questões que se colocam aqui são:

- Porquê ter em conta as frequências quando se aprende uma língua?
- Porque é que um dicionário de frequências contém normalmente 5.000 palavras/lemas?

Numa determinada língua, apenas cerca de mil palavras diferentes são utilizadas no discurso quotidiano. Estas palavras de alta frequência representam cerca de 95% do vocabulário falado. Estudos demonstraram que [Schonell e Meddleton, 1956]:

- As 2.000 palavras mais utilizadas oralmente representam cerca de 85% dos textos escritos;
- As 10.000 palavras mais utilizadas representam 99% da linguagem falada e 98% da linguagem

escrita.

É importante notar que é impossível definir estes números e estatísticas com 100% de exatidão, mas eles constituem, no entanto, uma média global baseada em múltiplas fontes [Schonell e Meddleton, 1956].

O tamanho do vocabulário frequente que os alunos precisam de aprender é estimado em cerca de 3.000-5.000 palavras. De acordo com [Laufer, 1998], os alunos do ensino secundário precisam de um vocabulário de cerca de 3.500-4.000 palavras. Num dos seus estudos, Laufer indicou que um aluno precisa de um mínimo de 3000 palavras e de um máximo de 5000 palavras para adquirir mais facilmente competências de leitura. Com base nestes pontos de vista, o tamanho do vocabulário necessário para dominar a língua inglesa é estimado em cerca de 5.000 palavras.

A língua árabe tem a reputação de possuir um vocabulário extraordinariamente rico. Foram desenvolvidas várias técnicas estatísticas para verificar este facto, e a maioria dos especialistas em língua árabe continua a concordar que o árabe parece valorizar a retenção de um grande número de sinónimos no sistema, e que o vocabulário global da língua é relativamente grande. A tarefa de aquisição de vocabulário por parte dos aprendentes é simultaneamente mais extensa e mais difícil, o que torna ainda mais importantes as técnicas para maximizar o tempo passado a aprender vocabulário. Vários especialistas sugerem que os alunos do ensino básico devem dominar 750 a 1.000 palavras, os alunos intermédios 1.000 a 1.500 palavras e os alunos avançados 1.500 a 2.000 palavras [Tu'aymah, 1986]. Para além disso, [Al-Batal, 2006] estimou que o número de palavras necessárias para atingir um nível elevado de proficiência se situa entre 3000 e 3500 palavras. Esta quantidade de vocabulário é suficiente se considerarmos que os aprendentes também precisam de usar dicionários e conhecimentos morfológicos para aprender vocabulário árabe ([Tu'aymah, 1986]; [Al-Batal, 2006]).

[Masrai e Milton, 2017] descreveram em seu estudo um teste de tamanho de vocabulário árabe usado com 339 alunos de L1 na escola e na universidade na Arábia Saudita. Os resultados da avaliação do tamanho do vocabulário do falante nativo provaram que os falantes nativos de árabe educados possuem um vocabulário de reconhecimento de cerca de 25.000 palavras, um total grande em comparação com os resultados de testes equivalentes de falantes nativos de inglês. Os resultados também sugerem que a velocidade de aquisição aumenta com a idade, o que pode ser provisoriamente explicado pelo sistema muito regular de derivação morfológica que o árabe utiliza.

As listas de frequências da língua árabe publicadas anteriormente centraram-se exclusivamente na língua escrita formal, MSA, mas não estão disponíveis ao público. Os dicionários de frequências atualmente disponíveis estão seriamente desactualizados e baseiam-se em corpora considerados muito pequenos para os padrões actuais (representados por milhões de palavras) [Biemann et al., 2007]. De seguida, apresentamos um breve resumo e uma descrição dos dicionários de frequências do árabe existentes:

- **A lista básica de palavras do jornal diário árabe** [Sprengling, 1943]: este estudo foi efectuado para ajudar o professor e o autor do manual a determinar o vocabulário a ensinar aos alunos que pretendem aprender MSA. Para determinar a frequência relativa do vocabulário utilizado pelo jornal árabe, os autores contaram mais de 136.000 palavras de artigos publicados no Egito, na Palestina, no Líbano e no Iraque entre 1938 e 1939. A lista contém cerca de 6.000 palavras;
- **"4ш|.£$| 5ДO1 4JL "ıU&I alJjaJI" (Vocabulário essencial para a leitura primária)** [JiU-, 1942]: o objetivo deste estudo, realizado em 1942, é contribuir para o ensino da língua árabe em geral, da leitura e do ditado em particular, fornecendo um número limitado (cerca de 3000 palavras) de vocábulos necessários para que um aluno compreenda mais de 90% dos livros de leitura dos três primeiros anos da escola primária. O trabalho baseia-se num corpus de 180.000 palavras retiradas de 18 livros do ensino primário utilizados em seis países árabes;
- **A Word Count of Modern Arabic Prose** [Landau, 1971]: um livro que apresenta uma contagem de palavras da prosa árabe com base em livros egípcios do século XX. O autor incorporou a contagem frequencial de Brill e acrescentou uma contagem frequencial obtida a partir de um corpus de 136.000 palavras. A lista final contém 12.400 palavras;

- **"AJJJxSI ЯxIII ^i 4*JUJI alJjaJI" (vocabulários árabes de uso frequente)** [ад^ jjh AJLc, 1979]: uma lista que inclui as pesquisas de Brill, Aqil e Landau, às quais o autor acrescentou os resultados de uma pesquisa que fez com 255.000 palavras de jornais jordanos e livros de escolas primárias. O autor limitou a lista às 3.000 palavras mais frequentes;
- **On the Frequency of Verbs in Modern Newspaper Arabic** [Bobzin, 1983]: um estudo que se concentra exclusivamente na frequência dos verbos árabes. O autor identificou 21.055 verbos em diferentes jornais publicados de Bagdade a Argel;
- **Le Lexique fondamental de l'arabe standard moderne** [Kouloughli, 1991]: léxico baseado num corpus de 200 000 palavras retiradas de jornais e revistas de todas as regiões do mundo árabe, e inclui extractos de peças de teatro e contos de escritores da AMS;
- **A frequency dictionary of Arabic: Core vocabulary for learners** [Buckwaiter e Parkinson, 2014]: um dicionário de frequências que fornece uma lista dos 5 000 lemas mais frequentemente utilizados em MSA, bem como de vários dos dialectos árabes mais falados. O dicionário foi gerado com base num corpus de 30 milhões de palavras árabes que inclui documentos escritos e falados de todo o mundo árabe. O dicionário fornece ao utilizador informações detalhadas sobre cada uma das 5.000 entradas, incluindo equivalentes em inglês, um exemplo de frase, a sua tradução em inglês, estatísticas de utilização, uma indicação da variação de género e a distribuição da utilização.

Todos estes dicionários de frequências não estão disponíveis gratuitamente ou incluem dados de dialectos, pelo que não são adequados para medir a legibilidade no domínio educativo, em que a língua de interesse é a MSA. Deve também notar-se que a maioria destes dicionários são compilados a partir de pequenos corpora. Desde os anos 90, registaram-se progressos consideráveis no domínio da linguística computacional baseada em corpus, o que tornou possível estudar quantidades muito maiores de dados.

3.3 Processo de conceção do dicionário

No decurso desta investigação, desenvolvemos quatro dicionários de frequências com base em dois corpora diferentes:

- O primeiro é um corpus extraído principalmente de livros clássicos e representa a AC;
- O segundo é retirado de uma coleção de sítios de imprensa e de livros em linha. Este segundo corpus representa o MSA.

Nesta secção, descreveremos as tarefas envolvidas na recolha e anotação de corpora e as ferramentas utilizadas para desenvolver os nossos dicionários de frequências.

3.3.1 Aquisição de dados do primeiro corpus

Os nossos dois primeiros dicionários foram compilados a partir de um corpus melhorado [Chen- noufi e Mazroui, 2016] do Tashkeela [Zerrouki e Balla, 2017], que é uma coleção de textos árabes sonoros, a maioria dos quais faz parte da CA. O novo corpus, designado **Tashkeela+**, contém mais de 99 milhões de palavras totalmente sonoras, obtidas a partir de :

- [14]**Textos clássicos**: extraídos da biblioteca Shamela e que representam a maior parte do corpus, ou seja, 98,85%. Estes textos são recolhidos principalmente de livros islâmicos clássicos;
- **Textos MSA**: retirados do WEB e representando 1,15% do corpus.

3.3.2 Aquisição de dados do segundo corpus

A maior parte dos textos do primeiro corpus são clássicos, o que nos levou a construir um novo corpus. O novo corpus contém mais de 59 milhões de palavras MSA que recolhemos de diferentes fontes, que podem ser resumidas da seguinte forma:

- [15]**Livros**: extraídos da fundação Hindaoui e representando 98,34% do corpus. Estes livros são recolhidos principalmente de histórias infantis, romances, peças de teatro, livros de ciência, etc., em formato e-pub e depois convertidos automaticamente em texto bruto;

14 `http://shamela.ws/` (última visita em 07/11/2020)

15 `https://www.hindawi.org/` (última visita em 07/11/2020)

- **Textos da Web**: retirados da Web e representando 1,66% do corpus. Estes textos foram recolhidos de sítios Web da imprensa, tais como http://www.aljazeera.net, https://www.hespress.com e muitos outros.

Chamámos a este segundo corpus **HindaouiCorpus**. O objetivo é selecionar livros e textos cujos temas coincidam com os abrangidos pelos sistemas educativos existentes, bem como abranger uma variedade de assuntos. O quadro 3.1 mostra a distribuição do HindaouiCorpus por categorias. Temos um total de 12 categorias compostas por 1.739 textos e 59.941.592 palavras.

3.3.3 Anotação do corpus

A anotação dos corpora foi efectuada em duas fases:

1. Pré-tratamento ;
2. Análise.

3.3.3.1 Fase de pré-tratamento

A fase de pré-processamento consistiu em normalizar o conteúdo dos corpora, eliminando todos os :

Categoria	Número de livros	Número de palavras
Histórias infantis	136	1 645 388
Ficção científica	78	1 237 862
Romances	356	14 194 624
Economia	23	1 709 786
Tecnologia	9	858 318
Política	32	1 848 432
Literatura	304	21 995 664
Artes	32	1 358 780
Ciências	68	5 044 922
Biografias	103	7 798 826
Geografia	11	1 251 242
Jornais	587	997 748
Total	**1 739**	**59 941 592**

Quadro 3.1: Distribuição do HindaouiCorpus por categoria

- Etiquetas HTML ;
- Ligações WEB ;
- Os números ;
- Palavras não árabes.

Em seguida, calculámos o número de palavras, tendo em conta as repetições, e verificámos que :

- **Tashkeela+**: contém 99.680.874 palavras;
- **HindaouiCorpus**: contém 59.796.297 palavras.

3.3.3.2 Fase de análise

Para gerar os dicionários, precisamos de conhecer o lema e a etiqueta PoS de cada palavra em contexto. Para obter estas duas informações, utilizámos dois analisadores morfológicos, nomeadamente :

1. **MADAMIRA** [Pasha et al., 2014]: sistema de análise morfológica e de desambiguação da língua árabe que combina aspectos de dois sistemas anteriormente utilizados para o processamento do árabe, o MADA [Habash et al., 2009] e o AMIRA [Diab, 2009]. No MADAMIRA, os textos passam por uma fase de pré-processamento que limpa o texto, normaliza-o, verifica a sua ortografia e converte-o numa representação Buckwalter para processamento posterior;
2. **Alkhalil-Toolkit**: um sistema de análise morfológica composto por várias ferramentas independentes, entre as quais utilizámos para esta tarefa :

- **O** lematizador **Alkhalil** [Boudchiche e Mazroui, 2019]: um lematizador para a língua árabe que atribui a cada palavra um lema único tendo em conta o seu contexto;

- **Alkhalil's PoS tagger** [Ababou e Mazroui, 2016]: um etiquetador árabe de parte do discurso (PoS). Oferece um conjunto muito rico de etiquetas básicas para fornecer informações sintácticas para cada palavra no texto analisado. Além disso, contém etiquetas compostas que permitem a análise dos clíticos ligados às palavras.

Analisámos cada um dos dois corpora utilizando os dois analisadores. No total, obtivemos quatro corpora anotados. Cada palavra nos quatro corpora é anotada com uma única etiqueta de lema e uma única etiqueta de PdV. No Apêndice A apresentamos um extrato de cada um dos dois corpora anotados pelos dois analisadores e discutimos as diferenças de etiquetas entre os quatro exemplos.

3.4 Análise estatística dos corpora anotados

A partir dos resultados da anotação automática dos dois corpora, verificamos que para :

- **MADAMIRA**, o corpus Tashkeela+ contém 115 344 lemas diferentes (sem repetição), enquanto o HindaouiCorpus contém 167 541 lemas diferentes;
- **Alkhalil-Toolkit**, o corpus Tashkeela+ contém 142 285 lemas diferentes e o HindaouiCorpus contém 190 242 lemas diferentes.

Para os dois corpora, existe uma grande diferença entre o número de lemas encontrados pelos dois analisadores. Esta diferença pode ser justificada pelo facto de :

1. Taxa de erro devida a um ou outro dos analisadores;
2. A normalização utilizada pelos dois analisadores: por vezes, duas palavras diferentes podem dar origem ao mesmo lema. Por exemplo, para as duas palavras "jUul/<nsAn" e "jUul/AnsAn" ("ser humano") :

- MADAMIRA apresentará o mesmo lema "jU4/<nsAn";
- O Alkhalil-Toolkit dará o lema "jEul/<nsAn" para a primeira palavra e o lema "jU^l/AnsAn" para a segunda palavra.

Daí a diferença significativa no número de lemas únicos entre os dois analisadores.

No que diz respeito à discrepância no número de lemas diferentes entre os dois corpora, isso deve-se ao facto de o HindaouiCorpus conter um grande conjunto de palavras modernas transcritas de outras línguas para o árabe, como as palavras: "je^>>jA (Antropólogos)", "Vu'^W^l (Eletromecânica)" e "A'j-^A^jAi (Cromatografia)". Estes tipos de palavras, para as quais o lema é por vezes a própria palavra, aumentaram o número de lemas únicos no HindaouiCorpus.

A Tabela 3.2 apresenta um estudo da distribuição do corpus Tashkeela+, por categoria gramatical das palavras que o compõem, com base nas etiquetas Alkhalil Toolkit e MADAMIRA. A Tabela 3.3 apresenta as mesmas estatísticas para o HindaouiCorpus.

PdV	Alkhalil-Toolkit	MADAMIRA
Nomes	41 563 518	48 685 734
Verbos	20 309 733	18 004 460
Preposições	7 908 192	12 746 284
Adjectivos	13 645 946	4 842 586
Advérbios	1 745 552	531 636
Pronomes	5 473 495	4 587 872
Outros	9 034 438	10 282 302

Quadro 3.2: Estatísticas de tipo no Tashkeela+

PdV	Alkhalil-Toolkit	MADAMIRA
Nomes	22 038 947	27 751 773
Verbos	9 815 394	10 782 151
Preposições	7 078 900	7 468 121
Adjectivos	9 400 370	4 468 450

Advérbios	1 388 774	535 491
Pronomes	3 579 302	3 483 264
Outros	6 494 610	5 307 047

Quadro 3.3: Estatísticas de tipo no HindaouiCorpus

A partir dos resultados apresentados nos dois quadros, podemos ver que existe uma diferença entre os totais de cada categoria gramatical para os dois analisadores. Por exemplo, algumas palavras são anotadas pelo Alkhalil-Toolkit como adjectivos, enquanto que são anotadas pelo MADAMIRA como substantivos.

3.5 Formato do dicionário

O passo que se segue à anotação morfológica dos dois corpora é a seleção dos 5.000 pares "lema,PoS" mais frequentes.

Os dicionários obtidos pelo processo acima descrito contêm os 5.000 lemas mais frequentes, juntamente com a sua informação morfológica. A Tabela 3.4 mostra um extrato do dicionário obtido com o MADAMIRA no Tashkeela+, e a Tabela 3.5 mostra o dicionário obtido com o Alkhalil-Toolkit no mesmo corpus.

Classificação	Lema	PdV	Frequência
1	fi^3 y	Preposição	3 557 342
2	i/min	Preposição	2 670 797
3	j£/EalaY	Preposição	2 573 567
4	ji/>an~a	Conjunção subordinada	2 483 397
5	Jl3/qAl	Verbo	2 142 918
6	V/lA	Partícula negativa	1 767 345

Tabela 3.4: Resultados do dicionário de frequências com MADAMIRA

Classificação	Lema	PdV	Frequência
1	fi^3 y	Preposição	3 417 818
2	ji/EalaY	Preposição	2 561 534
3	ji/>an~a	Partícula	2 368 727
4	Jla/qAl	Verbo	2 067 943
5	V/lA	Proibição ou negação	2 048 404
6	i/min	Preposição	2 041 624

Tabela 3.5: Resultados do dicionário de frequências com o Alkhalil-Toolkit

A partir dos dois extractos dos dicionários apresentados nos quadros 3.4 e 3.5, notamos diferenças entre as classificações. Por exemplo, o par (j-/min,Preposition) está na posição dois no quadro 3.4, ao passo que está na posição seis no quadro 3.5. A diferença deve-se, como já referimos, à diferença nos conjuntos de etiquetas e a erros num ou noutro dos analisadores. Estes erros incluem :

1. Na frase "le.l£ U^U j£ ^jj (e em cada uma delas há uma inteligência)", a palavra "^ij/wafiy (e em)" é rotulada como abreviatura por MADAMIRA, quando deveria ser rotulada como uma conjunção "j wa (e)" e uma preposição "^a/fiy (em)";

2. Na frase "d& jl ^ll X>U.V$ (não há necessidade de ser dito)", a palavra "J&/yuqaAla (ser dito)" é um verbo. Alkhalil considera-a um substantivo, o que é incorreto.

Para o segundo dicionário, compilado a partir do HindaouiCorpus, o quadro 3.6 apresenta um extrato do dicionário obtido com o MADAMIRA, enquanto o extrato obtido com o Alkhalil-Toolkit é apresentado no quadro 3.7.

Classificação	Lema	PdV	Frequência
1	/fi	Preposição	2 173 161
2	ox /min	Preposição	1 946 633
3	ji/EalaY	Preposição	1 159 318
4	jl/an~a	Conjunção subordinada	1 108 936
5	jl£/kAn	verbo	1 074 264
6	J)/<ilaY	Preposição	912 030

Tabela 3.6: Resultados do segundo dicionário de frequências com MADAMIRA

Classificação	Lema	PdV	Frequência
1	/fi	Preposição	2 136 921
2	boi/min	Preposição	1 581 826
3	jl/an~a	Partícula	1 217 090
4	o^/kAn	verbo	957 451
5	Jl/<ilaY	Preposição	906 369
6	ji / EalaY	Preposição	905 305

Tabela 3.7: Resultados do segundo dicionário de frequências com o Alkhalil-Toolkit

Também para estes dois extractos, temos o par (Js-/EalaY,Preposição) que se encontra na posição três no quadro 3.6 e na posição seis no quadro 3.7.

Finalmente, para dar uma visão geral dos quatro dicionários de frequências finais, o Quadro 3.8 apresenta uma comparação entre eles.

	Tashk_MAD	TashkAlkh	Hindaoui_MAD	HindaouiAlkh
Tashk_MAD	-	42,34%	57,5%	-
TashkAlkh	42,34%	-	-	37,52%
Hindaoui_MAD	57,5%	-	-	53,8%
Hindaoui_Alkh	-	37,52%	53,8%	-

Tabela 3.8: Comparação entre os quatro dicionários de frequências finais

Isto dá-nos :

1. 53,8% de pares comuns (lema, PdV) entre os dicionários produzidos com o analisador morfológico MADAMIRA e dois corpora diferentes, um clássico (Tashkeela+) e outro moderno (HindaouiCorpus);
2. 37,52% de pares em comum entre os dicionários elaborados com base no analisador morfológico Alkhalil-Toolkit e utilizando os dois corpora diferentes;
3. 42,34% de lemas comuns entre os dicionários baseados no corpus Tash- keela+, mas utilizando dois analisadores morfológicos diferentes: MA-DAMIRA e Alkhalil-Toolkit. Os dois analisadores adoptam dois conjuntos diferentes de etiquetas PdV, o que nos levou a apresentar aqui a intersecção apenas em termos de lemas e não em termos de pares;
4. 57,5% dos lemas comuns entre os dicionários baseados no Hin- daouiCorpus mas utilizando os dois analisadores morfológicos MADAMIRA e Alkhalil-Toolkit.

Os valores baixos das intersecções entre os quatro dicionários devem-se ao facto de :

- Os dois analisadores utilizam etiquetas PdV diferentes e cada um tem uma taxa de erro diferente, o que resulta em pares (lema, PdV) diferentes;
- Os dois analisadores adoptam uma fase de normalização diferente, o que resulta em diferenças na primeira ou última letra dos lemas resultantes. Assim, uma fase de normalização comum entre os dois analisadores melhorará a percentagem de intersecções entre os dicionários produzidos com os dois

analisadores.

3.6 Conclusão

Neste capítulo, apresentámos um recurso que é essencial para o resto do trabalho realizado nesta tese: o dicionário de frequências. Este dicionário é fornecido em quatro versões, de acordo com uma combinação entre os dois analisadores morfológicos utilizados e os dois diferentes corpora recolhidos. Como resultado, os dicionários apresentam uma lista dos 5.000 pares (lema, PdV) mais frequentes na língua árabe. Esta lista será utilizada no resto do nosso trabalho para calcular a maior parte das caraterísticas baseadas na frequência. A lista pode ser utilizada noutros domínios relacionados com o ensino da língua árabe.

Capítulo 4

Apergu sobre os materiais didácticos utilizados

4.1 Introdução

Os corpora são criados para uma vasta gama de objectivos, como a modelação da utilização da língua para fins de investigação linguística, material pedagógico para educadores ou dados de aprendizagem para aplicações de PNL. Os esforços para criar estes recursos são essenciais para o avanço da investigação em todas as áreas de aplicação do PNL, ou seja, etiquetagem morfológica, análise sintáctica, tradução automática, classificação de documentos, etc.

O trabalho da TALA para a MSA está a expandir-se à medida que são desenvolvidos novos recursos e ferramentas. Os dados de corpus para MSA provêm principalmente do género das notícias, havendo muito menos recursos especializados, como os corpora para aplicações educativas. Como um tipo particular de recurso educativo, um corpus de leitura anotado por níveis de dificuldade pode ser explorado para uma multiplicidade de aplicações: avaliação automática da legibilidade, simplificação de textos, aprendizagem de línguas, etc. A criação de tais corpora contribui para a diversidade dos recursos disponíveis e permite que a investigação em TALA avance em novas direcções.

Neste capítulo, apresentamos quatro corpora diferentes que desenvolvemos e utilizámos na nossa investigação. O primeiro corpus, denominado MoSAR (Modern Standard Arabic Readability), é dedicado à aprendizagem do árabe como L1, enquanto os outros três corpora (GLOSS-Reading, GLOSS-Listening e Aljazeera- Learning) são dedicados à L2. Os textos dos quatro corpora são anotados por níveis
de dificuldade. Os corpora L2 são rotulados de acordo com cinco níveis, enquanto o corpus MoSAR é anotado por seis níveis que representam os níveis do ensino primário em Marrocos.

4.2 Corpus MoSAR

A principal motivação para a construção do corpus MoSAR [Nassiri et al., 2019] vem da falta de um corpus educacional árabe disponível gratuitamente, anotado por níveis de dificuldade e destinado à aprendizagem de L1. Antes de descrevermos o processo de construção do corpus MoSAR, apresentamos uma visão geral dos corpora existentes para L1.

4.2.1 Corpora educativos utilizados para a L1

Nesta secção, apresentamos alguns corpora educativos populares dedicados à língua árabe e as escalas utilizadas para anotar o nível de dificuldade, salientando ao mesmo tempo que a língua árabe sofre de uma escassez de corpora deste tipo disponíveis gratuitamente.

Os corpora utilizados pelos investigadores que estudaram a legibilidade do árabe L1 não são tão claramente descritos ou facilmente acessíveis como os corpora L2. Alguns deles são mencionados de seguida:

- **"Arability"** [Al-Khalifa e Al-Ajlan, 2010]: uma ferramenta de medição da legibilidade orientada para L1 já mencionada no Capítulo 2, baseada num corpus recolhido manualmente de 150 textos que representam 57 089 palavras. O corpus está dividido em três níveis: fácil, médio e difícil;
- **"AARI"** [Al-Tamimi et al., 2014]: O Índice Automático de Legibilidade do Árabe (AARI) é também um dos trabalhos que se baseiam num corpus orientado para a L1 e que já foi detalhado no Capítulo 2. Este índice foi desenvolvido a partir de 1.196 textos extraídos do currículo escolar jordano;
- No seu trabalho, [Al-Sulaiti et al., 2016] descrevem um corpus de materiais de leitura para crianças. Embora os textos deste corpus estejam classificados por categoria, não estão classificados por nível de dificuldade;
- O corpus descrito em [Al Khalil et al., 2018] é constituído por manuais escolares do currículo dos Emirados Árabes Unidos e abrange os currículos desde o primeiro ano do ensino primário até ao

décimo segundo ano do ensino secundário;

Nem todos estes corpora estão acessíveis ao público. Mencionamos outra direção da produção de corpus seguida pelos investigadores de PNL: a construção de corpora de aprendentes para diferentes línguas. Os corpora de aprendentes são compostos por textos escritos por aprendentes de línguas. Contêm erros e não são úteis para a prática da leitura, mas podem ser utilizados para identificar erros comuns cometidos pelos aprendentes. [1]Entre estes corpora, citamos o corpus "ALC" [Al-Busaidi et al., 2016] (Arabic Learner Corpus) e o corpus "QALB" [Habash et al., 2013] (Qatar Arabic Language Bank).

4.2.2 Aquisição de dados MoSAR

Os textos utilizados neste trabalho foram copiados manualmente dos manuais utilizados em Marrocos para os seis níveis do ensino primário. É de notar que existem diferentes manuais para cada nível. Além disso, os livros utilizados só estão disponíveis em papel e, por vezes, existem diferentes versões do mesmo livro. Todos estes factores dificultaram a recolha deste corpus.

A Figura 4.1 mostra um exemplo de um texto em bruto do corpus.

فِي الصَّبَاحِ

سَلْمَى بِنْتٌ نَشِيطَةٌ عُمْرُهَا سِتُّ سَنَوَاتٍ. فَرِحَتْ بِعَوْدَتِهَا إِلَى الْمَدْرَسَةِ.

تُفِيقُ سَلْمَى مُبَكِّرًا كُلَّ صَبَاحٍ. تَذْهَبُ إِلَى الْمَغْسَلِ وَحْدَهَا. تَغْسِلُ يَدَيْهَا وَوَجْهَهَا وَتُنَظِّفُ أَسْنَانَهَا بِالْفُرْشَةِ وَالْمَعْجُونِ.

"صَبَاحُ الْخَيْرِ يَا أُمِّي. صَبَاحُ الْخَيْرِ يَا أَبِي."

هَكَذَا تُحَيِّي سَلْمَى أَبَوَيْهَا وَتُقَبِّلُ أَخَاهَا حُسَامًا ثُمَّ تَجْلِسُ إِلَى الْمَائِدَةِ مَعَ أُسْرَتِهَا.

FIG. 4.1: Exemplo de texto simples MoSAR

4.2.3 Anotação do corpus MoSAR

Para gerar o corpus anotado final, seguimos cinco passos:

1. **Edição e montagem manual:** os textos recolhidos manualmente são dactilografados e reunidos em ficheiros de texto, sendo depois verificados manualmente para corrigir eventuais erros de dactilografia;
2. `http://www.arabiclearnercorpus.com/` (última visita em 08/11/2020)
3. **Primeira fase de anotação:** reunimos os diferentes ficheiros de texto em seis ficheiros, sendo que cada ficheiro representa um nível escolar. Anotámos os ficheiros manualmente com diferentes informações, como o nível, o título do livro, o título do texto, etc. Em seguida, gerámos ficheiros XML e JSON a partir dos ficheiros de texto. A figura 4.2 mostra um extrato do primeiro ficheiro XML (nível 1);

```xml
<?xml version-'1.0' encoding-'UTF 8'>

<book id='1' title='كتابي في اللغة العربي' level='1'>

	<text id='1' week='1' type='Expression' title='في الصباح'>

في الصَّبَاح

سَلْمَى بِنْتٌ نَشِيطَةٌ عُمْرُهَا سِتُّ سَنَوَاتٍ. فَرِحَتْ بِعَوْدَتِهَا إِلَى الْمَدْرَسَةِ.

تُفِيقُ سَلْمَى مُبَكِّرًا كُلَّ صَبَاحٍ. تَذْهَبُ إِلَى الْمَغْسَلِ وَحْدَهَا. تَغْسِلُ يَدَيْهَا وَوَجْهَهَا وَتُنَظِّفُ أَسْنَانَهَا
بِالْفُرْشَةِ وَالْمَعْجُونِ.

" صَبَاحُ الْخَيْرِ يَا أُمِّي. صَبَاحُ الْخَيْرِ يَا أَبِي".

هَكَذَا تُحَيِّي سَلْمَى أَبَوَيْهَا وَتُقَبِّلُ أَخَاهَا حَسَنًا ثُمَّ تَجْلِسُ إِلَى الْمَائِدَةِ مَعَ أُسْرَتِهَا.

	</text>

	...

</book>

...
```

FIG. 4.2: Exemplo de um texto anotado manualmente em formato XML

4. **Segunda fase de anotação:** como mostra a figura 4.3, cada texto bruto da primeira fase de anotação é analisado pelas ferramentas do AlKhalil-Toolkit (stemmer, lemmatizer, PoS-tagger e root). A informação morfológica obtida é adicionada à informação da primeira fase de anotação para obter o corpus anotado final, em formato XML, que designámos por MoSAR (Modern Standard Arabic Readability);

5. **Validação manual das anotações:** durante esta fase, verificámos manualmente cerca de 10% dos textos (selecionados aleatoriamente) para detetar a presença de etiquetas incorrectas. A Tabela 4.1 mostra uma análise das etiquetas PdV de 58 textos que representam 7.006 palavras. De facto, encontrámos alguns erros, como a atribuição da etiqueta "Adjetivo" a substantivos, num total de 14,25%;

Tipo	Resultados da análise		Exatidão	Taxa de erro
	Número de palavras	Percentagem		
Nomes	3 115	44,46%	98,29%	1,7%
Verbos	1 342	19,15%	92,10%	7,89%
Preposição	598	8,53%	100%	0%
Adjectivos	975	13,91%	85,74%	14,25%
Pronomes	301	4,29%	100%	0%
Advérbios	123	1,75%	100%	0%
Outros	552	7,87%	100%	0%
Total	**7 006**	**100%**	**95,27%**	**4,73%**

Quadro 4.1: Estatísticas sobre os 10% dos dados de validação do MoSAR

6. **Conversão de formatos:** o corpus final é convertido para os formatos JSON e texto.

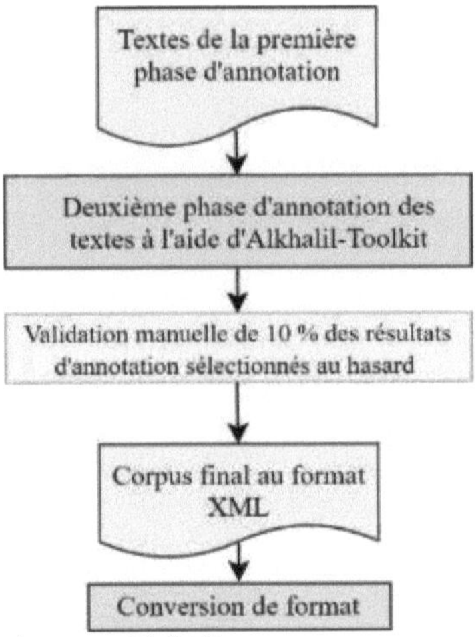

FIG. 4.3: Processo de anotação do corpus MoSAR

A figura 4.4 mostra um extrato de uma frase do corpus anotada em formato XML. Esta frase é retirada do exemplo da Figura 4.1.
No Apêndice B, apresentamos um extrato do corpus nos formatos JSON e texto simples.


```
<segment_info id='4'>
    <sentence> تفيق سلمى مبكرا كل صباح. </sentence>
    <analysis nb='5'>
        <morph_feature_set id='1' word=' تفيق ' stem='تفيق' lemma='أفاق' root='فوق' pos='VeP' />
        <morph_feature_set id='2' word=' سلمى ' stem='سلمى' lemma='سلمى' root='' pos='Alam' />
        <morph_feature_set id='3' word=' مبكرا ' stem='مبكر' lemma='مبكر' root='بكر' pos='Sifa' />
        ...
    </analysis>
</segment_info>
...
```


FIG. 4.4: Formato XML do corpus anotado

4.2.4 Análise estatística do corpus MoSAR

Nesta secção, destacamos as caraterísticas do corpus MoSAR através de uma série de análises estatísticas. No total, este corpus é constituído por 602 textos com 7.553 frases e 77.966 palavras, tendo em conta as repetições.

A Tabela 4.2 apresenta algumas informações pormenorizadas sobre o corpus do MoSAR, tais como o número de livros por nível, o número de textos, etc.

Nível	Livros	Textos	Frases	Palavra	Caules	Lemas	Raízes
1	1	51	526	3 090	1 440	1 185	827
2	2	139	1 713	12 988	4 769	3 630	2 240
3	1	60	909	9 897	4 101	3 237	2 037
4	2	136	1 872	24 619	8 176	6 277	3 485
5	1	86	1 193	14 251	5 982	4 798	2 769

6	1	130	1 340	13 121	5 236	4 311	2 570
Total	**8**	**602**	**7 553**	**77 966**	**17 587**	**12 477**	**6 739**

Quadro 4.2: Informações pormenorizadas sobre o corpus MoSAR

O comprimento das palavras que o aprendente encontra ao decifrar um texto influencia a legibilidade e a clareza do texto lido. [16]Vários estudos sobre diferentes línguas mostraram que o comprimento médio das palavras varia entre 7 e 12 letras. Para o árabe, o comprimento médio de uma palavra num texto normal foi estimado em cinco letras [Mustafa, 2012]. Na Tabela 4.3, apresentamos um estudo estatístico do comprimento das palavras por níveis (de um a seis), dando uma visão geral da distribuição do tamanho das palavras em cada nível. O tamanho médio das palavras no corpus MoSAR é de 4,5 letras.

Número de letras	N1	N2	N3	N4	N5	N6
1	0	1	3	7	7	4
2	37	69	67	105	83	78
3	194	533	466	855	639	588
4	433	1 458	1 143	2 405	1 697	1 435
5	410	1 576	1 324	2 975	1 911	1 613
6	326	1 252	1 070	2 343	1 555	1 380
7	196	798	670	1 378	992	882
8	63	346	256	535	433	372
9	23	75	79	175	155	110
10	1	7	28	45	37	26
Faltam apenas 10	0	1	5	10	9	7
Comprimento médio	**4,59**	**4,54**	**4,55**	**4,43**	**4,59**	**4,48**

Tabela 4.3: Estatísticas do comprimento das palavras (palavras distintas)

A identificação de palavras frequentes permite indicar a distribuição do vocabulário no corpus e a familiaridade das palavras nele contidas. As palavras frequentes são calculadas utilizando etiquetas PoS e lemas em vez de palavras. Obviamente, as preposições e os artigos estarão no topo da lista de palavras frequentes. A Tabela 4.4 mostra a distribuição do corpus MoSAR em relação aos dois dicionários de frequências baseados no Alkhalil-Toolkit que apresentámos no capítulo anterior. Escolhemos estes dicionários devido à correspondência das etiquetas com o corpus. Para esta tabela, uma palavra frequente é uma palavra do corpus cujo par (lema,PdV) aparece no dicionário de frequências. Para o primeiro nível, por exemplo, temos 621 pares (lema,PdV) que pertencem ao primeiro dicionário (baseado no Tashkeela+), enquanto temos 797 pares que pertencem ao segundo dicionário (baseado no HindaouiCorpus).

Nível	**Total de casais (C)**	**Dicionário 1**		**Dicionário 2**	
		C comum	**Percentagem**	**C comum**	**Percentagem**
1	1 655	621	37,5%	797	48,15%
2	5 943	1 519	25,55%	1 965	33,06%
3	5 011	1 420	28,33%	1 911	38,13%
4	10 548	2 384	22,60%	3 158	29,93%
5	7 352	1 954	26,57%	2 645	35,97%
6	6 403	1 794	28,01%	2 388	37,29%
Total	**24 890**	**3 259**		**4**	**L80**

Quadro 4.4: Estatísticas sobre a distribuição das palavras frequentes no MoSAR

16 http://www.ravi.io/language-word-lengths (última visita em 08/11/2020)

Os resultados da Tabela 4.4 mostram claramente que o segundo dicionário cobre mais vocabulário do corpus, com um total de 4 180 pares, enquanto o primeiro dicionário cobre apenas 3 259 pares do corpus. Podemos, portanto, esperar que os resultados de legibilidade melhorem se utilizarmos o segundo dicionário em vez do primeiro.
Finalmente, a Tabela 4.5 dá uma visão geral da distribuição do corpus Mo- SAR por categoria gramatical, com base nas etiquetas do Alkhalil-Toolkit.

PdV	Número de palavras	Percentagem
Nomes	32 165	41,25%
Verbos	15 036	19,28%
Preposição	11 145	14,29%
Adjectivos	11 244	14,42%
Pronomes	1 727	2,21%
Advérbios	1 588	2,03%
Outros	5 061	6,52%

Quadro 4.5: Estatísticas de tipo no MoSAR

Os resultados deste estudo estatístico mostram que a principal categoria gramatical no MoSAR são os substantivos, seguidos dos verbos.

4.2.5 Vantagens e limitações do corpus MoSAR

Em comparação com os actuais corpora educativos disponíveis gratuitamente, o nosso corpus oferece as seguintes vantagens

- Destina-se a aprendentes de L1, enquanto os corpora mais conhecidos disponíveis se destinam a aprendentes de L2;
- Propomos um número suficiente de textos para a aplicação de técnicas de aprendizagem automática;
- O corpus é constituído por textos correspondentes a seis níveis do ensino primário, o que dá uma indicação do grau de dificuldade dos textos.

Uma limitação óbvia do corpus é a sua restrição aos níveis do ensino primário marroquino e a ausência de textos de outras disciplinas, como a educação islâmica, a tecnologia e a matemática. Seria desejável acrescentar textos de níveis superiores que abrangessem todas as disciplinas. No entanto, a ênfase nos primeiros anos justifica-se porque as competências de leitura são mais úteis quando adquiridas no início da escolaridade. As crianças que terminam o 3.º ano com competências de leitura abaixo da média correm um risco elevado de serem prejudicadas a nível académico, uma vez que o esforço adicional exigido para ler as impede de acompanhar o ritmo de aprendizagem exigido noutras disciplinas [McClelland et al., 2006]. Por conseguinte, um recurso dedicado aos primeiros anos de escolaridade continua a ser um apoio valioso para professores, alunos e investigadores no domínio da educação.

4.2.6 Outras aplicações do corpus MoSAR

Para além de medir a legibilidade, o corpus MoSAR pode ser utilizado noutros domínios:

Tornar a aprendizagem atractiva: como a leitura é uma competência crucial na educação, é essencial desenvolver o gosto pela leitura nas crianças. Em [El Kah et al., 2017], os autores criaram jogos para a aprendizagem do árabe utilizando as ferramentas e os recursos do TALA. O MoSAR oferece um recurso que pode apoiar esse trabalho. Facilitará a escolha das palavras, das frases apresentadas aos alunos para cada nível de aprendizagem e a criação de conjuntos de dados para estes jogos.

Avaliação do programa de leitura atual: por fim, o corpus MoSAR, na medida em que reflecte o programa de leitura existente nas escolas primárias marroquinas, permitirá avaliar criticamente esse programa. erme Realizámos um estudo cujo objetivo é acompanhar a aprendizagem do vocabulário de um aluno ao longo da escola primária, do 1º ao 6º ano® . Na Tabela 4.6, apresentamos um estudo estatístico dos novos lemas que o aluno encontra em cada nível (ignorando os que já foram encontrados nos níveis anteriores). Estas estatísticas baseiam-se num livro por nível.

Nível	Lemas	Lemas acumulados	Novos lemas
1	1 185	1 185	-
2	2 029	2 651	1 466
3	3 237	4 627	1 976
4	3 780	6 654	2 027
5	4 798	8 985	2 331
6	4 311	10 730	1 745
Total	**10 730**	-	-

Quadro 4.6: Estatísticas de vocabulário no MoSAR

Constatamos que os novos lemas adquiridos de um nível para o outro são crescentes, com exceção do último nível. Com base nestes resultados, um aluno termina a escola primária em Marrocos com um vocabulário de 10.730 lemas, um total elevado em comparação com os resultados de outras línguas. Por exemplo, o vocabulário necessário para dominar o inglês é estimado em cerca de 5.000 palavras.

Para comparar o vocabulário adquirido por dois alunos do mesmo nível escolar, mas que aprendem com dois livros diferentes, comparámos os lemas dos dois livros diferentes do segundo e do quarto níveis do corpus do MoSAR. A Tabela 4.7 apresenta os resultados desta comparação e verificamos que :

- Para o segundo nível: a intersecção entre os dois livros é de 821 lemas, o que representa aproximadamente 32% dos lemas comuns e uma diferença de 68%;
- Para o quarto nível: temos uma intersecção de 1495 lemas, o que representa 36% de lemas comuns e uma diferença de 64%.

Estes resultados mostram claramente que dois alunos do mesmo nível que utilizam livros diferentes não aprendem o mesmo vocabulário.

Nível	Lemmas livro 1	Lemmas livro 2	Intersecção (%)	Diferença (%)
2	2 029	2 533	32%	68%
4	3 780	4 109	36%	64%

Quadro 4.7: Comparação do vocabulário de dois livros diferentes do mesmo nível

Quando concebemos o corpus MoSAR, reparámos que não havia livros para todos os níveis na mesma edição. Como resultado, os alunos não terminam a escola primária com o mesmo vocabulário.

4.3 Corpus L2

Aprender uma segunda língua é uma parte essencial da vida moderna e um objetivo de muitos sistemas educativos em todo o mundo.

Nesta secção, apresentaremos em pormenor três corpora anotados por nível de dificuldade e dedicados à aprendizagem do árabe como L2.

4.3.1 Contexto geral

Já mencionámos na secção anterior que o domínio da medição da legibilidade sofre de uma grande falta de dados anotados por nível de dificuldade, o que constitui um grande obstáculo ao desenvolvimento de ferramentas eficazes neste domínio. Para a L2, as ofertas são ainda mais raras. Tanto quanto sabemos, as únicas plataformas que oferecem textos especificamente para aprendentes de L2 são :

- A plataforma GLOSS. Estes textos já foram abordados no capítulo 2 e são utilizados em vários estudos anteriores;

- [17]Textos disponíveis em linha na Aljazeera . O sítio Aljazeera-Learning para a aprendizagem do árabe inclui igualmente textos didácticos. Este recurso é composto por três categorias de textos: "Linguagem mediática", "Linguagem geral" e "A nossa comunidade". Os textos de cada uma destas três categorias são anotados em cinco níveis de dificuldade: Principiante1, Principiante2, Intermédio1, Intermédio2 e Avançado.

4.3.2 Metodologia e ferramentas

Nesta secção, apresentamos o processo de recolha e anotação de três corpora que serão posteriormente utilizados no desenvolvimento de modelos de previsão de legibilidade em L2, nomeadamente: GLOSS-Reading, GLOSS-Listening e Aljazeera-Learning.

4.3.2.1 Aquisição de dados

Os nossos dois primeiros corpora foram recolhidos do programa de estudo posto em linha pelo DLIFLC, o principal estabelecimento de ensino de línguas para os membros das forças armadas dos EUA. O seu sítio está aberto ao público e inclui vários materiais didácticos em diferentes línguas. Os corpora GLOSS contêm documentos MSA classificados pelos autores de acordo com os níveis padrão do ILR, que foi desenvolvido para descrever a capacidade de comunicar numa língua, particularmente no contexto da aprendizagem de uma segunda língua. Como já foi referido, o ILR avalia as competências linguísticas através de uma escala de 0 a 5. Um nível "*plus*" (0+, 1+, 2+, 3+ e 4+) é atribuído quando as competências requeridas excedem um determinado nível, mas não permitem o acesso total ao nível seguinte. Os textos que recolhemos vão do nível 1 do ILR (competência básica) ao nível 3 do ILR (competência profissional geral). Recolhemos dois corpora deste recurso:

- **GLOSS-Reading**: um corpus de leitura de limões. Representa um recurso valioso para manter e melhorar as competências linguísticas dos aprendentes. O corpus tem um total de 271 documentos e 95.496 palavras;
- **GLOSS-Listening**: um corpus composto por textos obtidos a partir de material de escuta, como reportagens de televisão, emissões de rádio, etc. O corpus tem um total de 227 documentos e 56.684 palavras.

O nosso último corpus L2 foi recolhido a partir de textos publicados no sítio Web Aljazeera-Learning. Um sítio Web que oferece um espaço para praticar e melhorar a língua árabe. Ajudará os alunos a aprender, oferecendo uma série de actividades interactivas. O sítio é dedicado aos adultos que estão a aprender árabe como língua estrangeira. Não contém qualquer material didático para crianças. Destina-se a todos aqueles que sabem, pelo menos, ler e escrever o alfabeto árabe. Para facilitar a apresentação dos resultados, utilizaremos os níveis 1 (Principiante1), 1+ (Principiante2), 2 (Intermédio1), 2+ (Intermédio2) e 3 (Avançado).

A Figura 4.5 mostra um exemplo de um texto simples destinado a L2. Este texto foi retirado do corpus Aljazeera-Learning.

إدمان الإنترنت

قالت الجمعية الألمانية للطب النفسي إن إدمان الإنترنت غالبا ما يقترن بأمراض نفسية أخرى.

فعلى سبيل المثال يستخدم مرضى الاكتئاب الإنترنت بشكل مفرط من أجل مواجهة مشاعر الوحدة التي تنتابهم، ولذلك ينبغي فحص المصابين بإدمان الإنترنت لاكتشاف ما إذا كانوا يعانون من أمراض نفسية أخرى.

وأضافت الجمعية أن أعراض الإدمان تتمثل في التالي:

-فقدان السيطرة على استخدام الإنترنت.

-الشعور بالقلق والتوتر الداخلي من دون الإنترنت.

-إهمال الهوايات والاهتمامات.

17 `https://learning.aljazeera.net` (última visita em 08/11/2020)

FIG. 4.5: Exemplo de um texto simples da Aljazeera-Learning

4.3.2.2 Anotação do corpus

Os três corpora que recolhemos serão utilizados no resto desta tese para gerar modelos de previsão de legibilidade. Anotámos estes textos com etiquetas PoS e lemas utilizando o MADAMIRA (Figura 4.6) e o Alkhalil-Toolkit (Figura 4.7). A entrada para esta etapa é a coleção de textos do corpus em formato de texto simples. Usamos a informação morfológica obtida dos analisadores, à qual acrescentamos o nível de dificuldade original do texto, para obter os corpora anotados que usaremos no resto desta tese.

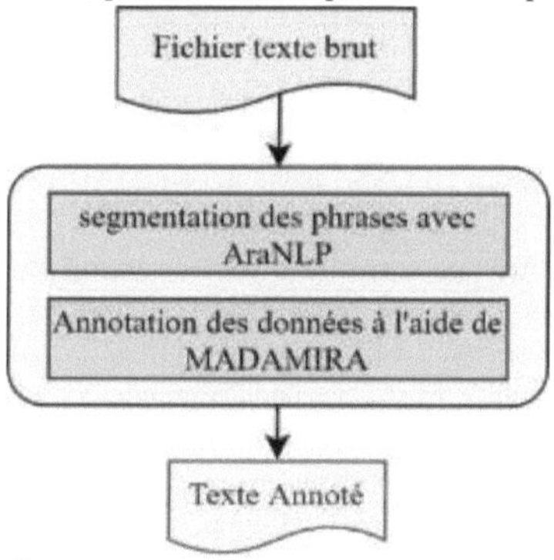

FIG. 4.6: Processo de anotação de corpus L2 com MADAMIRA

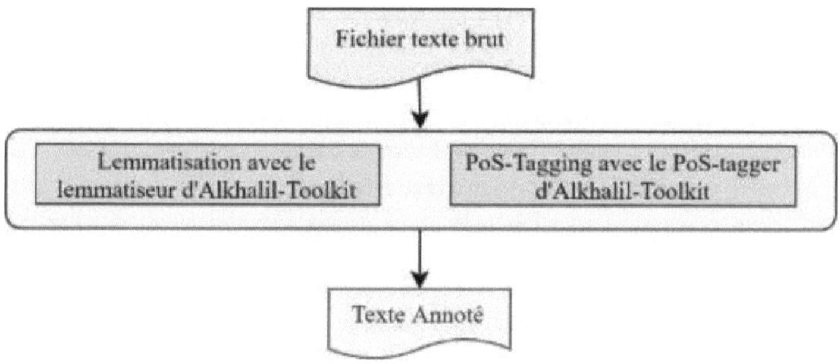

FIG. 4.7: Processo de anotação de corpus L2 com o Alkhalil-Toolkit

Após esta fase de anotação, calculámos para cada corpus o número de frases, o número de palavras, o número de lemas e o número de novos lemas encontrados pelo aprendente nos diferentes níveis. A Tabela 4.8 apresenta os resultados dessas estatísticas para o corpus GLOSS-Reading. A distribuição dos textos entre os níveis deste corpus não é homogénea.

Nível	Textos	Frases	Palavra	Lemas (L)	Acumulado L	Novo L
1	34	920	6 313	1 958	1 958	-
1 +	29	317	5 149	1 747	2 868	910
2	95	1 406	33 264	5 331	6 278	3 410
2+	68	1 033	27 175	4 560	7 730	1 452
3	45	990	23 595	4 322	8 841	1 111
Total	**271**	**4 666**	**95 496**	**8 841**	-	-

Tabela 4.8: Estatísticas para o corpus GLOSS-Reading com MADAMIRA

O corpus GLOSS-Reading é composto por 271 textos, 4666 frases e 95.496 palavras, enquanto o corpus GLOSS-Listening é composto por 227 textos, 5.457 frases e 56.684 palavras, como mostra a Tabela 4.9. Este segundo corpus também apresenta uma distribuição não homogénea de textos entre níveis.

Nível	Textos	Frases	Palavra	Lemas	Acumulado L	Novos lemas
1	43	2 171	9 148	1 747	1 747	-
1 +	18	301	3 280	1 178	2 392	645
2	65	796	12 611	3 071	4 220	1 828
2+	62	1 226	17 834	3 372	5 614	1 394
3	39	963	13 811	2 920	6 542	928
Total	**227**	**5 457**	**56 684**	**6 542**	-	-

Tabela 4.9: Estatísticas para o corpus GLOSS-Listening com MADAMIRA

A Tabela 4.10 mostra a distribuição do corpus Aljazeera-Learning por nível, bem como o número de palavras, frases, lemas e novos lemas, tal como para os outros dois corpora. O corpus Aljazeera-Learning é constituído por 321 textos, 2.442 frases e 49.345 palavras. No que respeita à distribuição deste corpus, a situação é ainda mais frustrante, dado o grande desequilíbrio de textos entre os cinco níveis. A maioria dos textos está concentrada no nível 1+, com 220 textos, enquanto os restantes 101 textos estão distribuídos pelos outros quatro níveis.

Nível	Textos	Frases	Palavra	Lemas	Acumulado L	Novos lemas
1	12	176	942	475	475	-
1 +	220	1 101	20 898	4 278	4 409	3 934
2	54	378	7 646	2 358	5 138	729
2+	27	608	15 191	3 443	6 324	1 186
3	8	179	4 668	1 636	6 672	348
Total	**321**	**2 442**	**49 345**	**6 672**	-	-

Tabela 4.10: Estatísticas para o corpus Aljazeera-Learning com MADAMIRA

4.3.3 Análise estatística de corpora anotados em L2

Nesta secção, apresentaremos e detalharemos algumas análises estatísticas das caraterísticas dos nossos três corpora recolhidos e anotados.

A primeira informação que vamos apresentar é a distribuição das categorias gramaticais das palavras nos três corpora. Apresentamos esta análise com base nas etiquetas do Alkhalil-Toolkit e do MADAMIRA. As Tabelas 4.11 e 4.12 apresentam os resultados desta análise nos corpora GLOSS-Reading, GLOSS-Listening e Aljazeera-Learning.

PdV	GLOSS-Leitura		GLOSS-Audição		Aljazeera-Learning	
	Palavra	**Percentagem**	**Palavra**	**Percentagem**	**Palavra**	**Percentagem**
Nomes	51 526	53,95%	31 052	54,78%	27 524	53,95%
Verbos	11 830	12,38%	6857	12,09%	5 936	11,63%
Preposição	11 008	11,52%	6064	10,69%	5 556	10,89%
Adjectivos	11 005	11,52%	6 127	10,80%	5 900	11,56%
Advérbios	716	0,74%	628	1,10%	312	0,61%
Pronomes	4 145	4,34%	2 766	4,87%	1 852	3,63%
Outros	5 266	5,55%	3 190	5,67%	3 932	7,73%

Tabela 4.11: Estatísticas sobre os PdS com MADAMIRA em L2

PdV	GLOSS-Leitura		GLOSS-Audição		Aljazeera-Learning	
	Palavra	**Percentagem**	**Palavra**	**Percentagem**	**Palavra**	**Percentagem**
Nomes	42 887	44,90%	25 749	45,42%	22 456	45,50%
Verbos	11 010	11,52%	6 302	11,11%	5 529	11,20%

Preposição	10 166	10,64%	6 319	11,14%	5 749	11,65%
Adjectivos	19 860	20,79%	11 795	20,80%	10 636	21,55%
Advérbios	2 534	2,65%	1 503	2,65%	1 276	2,58%
Pronomes	3 696	3,87%	2 152	3,79%	1 674	3,39%
Outros	5 343	5,63%	2 864	5,09%	2025	4,13%

Tabela 4.12: Estatísticas sobre PoS com Alkhalil-Toolkit em L2

A partir dos resultados apresentados nos dois quadros, podemos ver que existe uma diferença entre os totais de cada categoria gramatical para os dois analisadores. Algumas palavras são anotadas pelo Alkhalil-Toolkit como adjectivos, enquanto que são anotadas pelo MADAMIRA como substantivos.
Finalmente, as Tabelas 4.13 e 4.14 apresentam os resultados da análise de frequência nos três corpora de L2. Trata-se de estatísticas sobre o número de palavras frequentes pertencentes aos dois dicionários (CA e MSA), discriminadas por nível.

Nível	GLOSS-Leitura		GLOSS-Audição		Aljazeera-Learning	
	Casais	Percentagem	Casais	Percentagem	Casais	Percentagem
1	957	30,72%	994	31,65%	293	48,03%
1+	907	32,55%	643	36,93%	1 852	21,33%
2	2 150	18,36%	1 484	26,17%	1 221	29,87%
2+	2 028	20,13%	1 677	24,69%	1 628	24,28%
3	2 017	21,80%	1 538	28,07%	856	33,17%
Total	**3 050**		**2 643**		**2 625**	

Quadro 4.13: Estatísticas sobre a distribuição das palavras frequentes em L2 em comparação com o dicionário clássico

Nível	GLOSS-Leitura		GLOSS-Audição		Aljazeera-Learning	
	Casais	Percentagem	Casais	Percentagem	Casais	Percentagem
1	1 328	42,63%	1 270	40,44%	370	60,65%
1+	1 282	46,01%	880	50,54%	2 600	29,95%
2	3 094	26,42%	2 111	37,23%	1 735	42,45%
2+	2 877	28,55%	2 295	33,79%	2 311	34,47%
3	2 828	30,57%	2 014	36,75%	1 201	46,55%
Total	**4 115**		**3 541**		**3 571**	

Quadro 4.14: Estatísticas sobre a distribuição das palavras frequentes em L2 em comparação com o dicionário moderno

Para os três corpora, o segundo dicionário cobre mais vocabulário do que o primeiro dicionário. Mais uma vez, com base nestas estatísticas, esperamos que os resultados da medição da legibilidade com base no segundo dicionário sejam melhores do que os obtidos com o primeiro dicionário.

4.4 Conclusão

Neste capítulo, apresentámos um novo corpus de textos educativos em árabe para aprendentes de língua materna. Uma das vantagens deste corpus é o facto de fornecer uma coleção de textos mais abundante do que os poucos corpora comparáveis disponíveis. Outra vantagem é o facto de os textos estarem anotados com níveis de dificuldade baseados nos níveis primários do sistema escolar marroquino e com informação morfológica rica produzida pelo Alkhalil-Toolkit. Este corpus pode ser utilizado para treinar, otimizar e avaliar abordagens no domínio da medição da legibilidade para aprendentes de L1, para apoiar o desenvolvimento de jogos de aprendizagem de línguas e para avaliar a qualidade do material de leitura e do próprio programa de leitura.
O atual corpus pode ser melhorado através do aumento do número de textos e do alargamento do corpus a níveis de ensino mais elevados e a outras disciplinas.

Por fim, apresentámos três corpora de textos educativos em árabe para aprendentes de L2: GLOSS-Reading, GLOSS-Listening e Aljazeera-Learning. Estes três corpora representam os dados padrão mais comummente utilizados no desenvolvimento de modelos de previsão de legibilidade para textos destinados a aprendentes estrangeiros da língua árabe. Os textos de todos estes corpora estão anotados com cinco níveis de dificuldade, e também os anotámos com informação morfológica rica.

Capítulo 5

Medir a legibilidade em L2

5.1 Introdução

A avaliação da legibilidade de textos é uma tarefa importante no ensino de línguas estrangeiras. Se for efectuado manualmente, este processo pode ser moroso e dispendioso, o que limita a sua aplicação. Por esta razão, nos últimos anos tem havido um interesse crescente no desenvolvimento de modelos para prever automaticamente a legibilidade de textos para a aprendizagem de línguas estrangeiras.

A combinação das técnicas TALA e ML na previsão da legibilidade requer três etapas principais: a primeira etapa consiste na recolha de um corpus de referência, a segunda etapa consiste na identificação e extração do corpus de um conjunto de caraterísticas linguísticas, também designadas por preditores, a fim de as utilizar em combinação com algoritmos ML. A última etapa consiste numa fase de classificação. Os preditores obtidos na segunda etapa devem ter uma correlação significativa, ou mesmo uma relação causal, com a dificuldade dos textos.

Neste capítulo, começámos por considerar a previsão da legibilidade com um grande conjunto de caraterísticas inspiradas na literatura sobre a previsão da legibilidade em árabe. Depois, tentámos ignorar algumas caraterísticas que pareciam menos relevantes do que o esperado, de modo a obter resultados de previsão de precisão comparável com um conjunto reduzido de caraterísticas. Estes estudos foram efectuados utilizando três corpora diferentes dedicados ao aprendente de árabe como L2: Aljazeera-Learning, GLOSS-Reading e GLOSS-Listening.

5.2 Conjunto completo de funcionalidades

As caraterísticas do texto associadas ao seu grau de dificuldade apresentam uma gama de complexidade em termos de facilidade de recuperação. As caraterísticas simples incluem atributos independentes da língua, como o comprimento do texto, o comprimento das frases ou o comprimento médio das palavras. As caraterísticas complexas ou de nível superior são as que dependem da língua que está a ser processada.

Ao rever o estado da arte dos estudos de legibilidade, encontrámos várias categorias interessantes de caraterísticas, incluindo a frequência baseada em categorias gramaticais, o rácio lema/PoS, a frequência de palavras e lemas, o comprimento das palavras, o comprimento das frases, etc.

Outras categorias de elementos semânticos são utilizadas em línguas como o inglês. Uma vez que os recursos e ferramentas necessários não estão disponíveis para o árabe, não utilizámos estas caraterísticas.

No Capítulo 3, discutimos a utilização de caraterísticas derivadas de listas de frequências e dicionários. Tal como mencionado na secção 3.5, utilizámos o nosso próprio dicionário dos 5.000 lemas mais frequentes. Com base nas diferentes informações morfológicas das entradas deste dicionário (lema, PoS, frequência, etc.), gerámos caraterísticas para os documentos dos nossos corpora.

No total, desenvolvemos 170 caraterísticas, agrupadas em dez categorias, como se segue:

1. **Comprimento das palavras:** uma das categorias de caraterísticas tradicionais utilizadas na maioria dos trabalhos anteriores. Para cada texto, utilizámos o número de palavras, caules e caracteres. Também utilizámos os rácios número de caracteres por número de palavras e número de hastes por número de palavras. A categoria contém um total de cinco caraterísticas;
2. **Comprimento das frases:** incluímos também o comprimento médio das frases. No capítulo 2, referimos que tanto os métodos tradicionais como os modernos de medição da legibilidade incluíam medidas de comprimento das frases. Esta categoria, composta por quatro caraterísticas, é expressa como o número médio de palavras, hastes e caracteres por frase;
3. **Classe de palavras:** uma lista de quatro caraterísticas que avaliam a diversidade das classes de palavras num texto. Utilizámos duas classes de palavras: classe aberta e classe fechada. Uma palavra

de classe aberta é aquela cuja categoria gramatical é uma das infinitas categorias (como os substantivos, os verbos, etc.), enquanto uma palavra de classe fechada é aquela cuja categoria gramatical é uma lista finita de palavras (como os pronomes);

4. **Carga de vocabulário:** uma categoria baseada na distribuição de lemas distintos e frequentes num texto. É composta por três caraterísticas:

(a) O número de lemas distintos por texto ;

(b) O número de lemas frequentes por texto (lemas que aparecem mais do que uma vez) ;

(c) O rácio entre os lemas frequentes e o total de palavras de um texto.

5. **A relação lema/palavra:** nas nossas experiências, incluímos quatro caraterísticas da relação entre lemas e palavras num texto. Esta é uma categoria comum a vários estudos anteriores;

6. **Frequência de palavras e lemas:** para cada texto, contámos o número de lemas no dicionário de frequências. Em seguida, dividimos este número pelo número total de palavras do documento. Introduzimos também cálculos sobre estas variáveis (classificação, rácio em relação às hastes, etc.) para fornecer um estudo de vocabulário. No conjunto, desenvolvemos 17 caraterísticas;

7. **Rácios baseados em categorias gramaticais (PdV):** a categoria de rácios baseados em PdV engloba 33 caraterísticas. É inspirada em Forsyth [Forsyth, 2014]. Adaptámo-la para corresponder às etiquetas PdS fornecidas pelo MADAMIRA e à fornecida pelo Alkhalil-Toolkit. Nesta categoria, usámos o rácio entre as ocorrências individuais de categorias gramaticais e o número de palavras no documento. A estes rácios incorporámos os rácios de PdV para classes de palavras;

8. **Lemas ambíguos:** um conjunto de três caraterísticas que calcula o número de lemas ambíguos. Diz-se que um lema é ambíguo se obtiver duas ou mais etiquetas distintas no mesmo texto. Também utilizámos rácios em relação a palavras e lemas no texto;

9. **Palavras estrangeiras:** uma caraterística única que representa o rácio de palavras não árabes em relação ao número total de palavras de um texto;

10. **Frequência baseada em categorias gramaticais:** a categoria mais volumosa deste estudo, com um total de 96 caraterísticas. Esta categoria representa a proporção de categorias gramaticais individuais frequentes (que aparecem no dicionário de frequências) em relação às palavras do texto.

No Apêndice C é apresentada uma lista pormenorizada destas 170 caraterísticas.

5.3 Processo adotado

A Figura 5.1 mostra o processo geral que adoptámos para desenvolver os modelos preditivos de legibilidade em L2. Este processo será o mesmo para a maioria das experiências que apresentaremos neste capítulo, com adaptações nas diferentes etapas, ou seja, mudanças nos analisadores, adaptação de caraterísticas, etc.

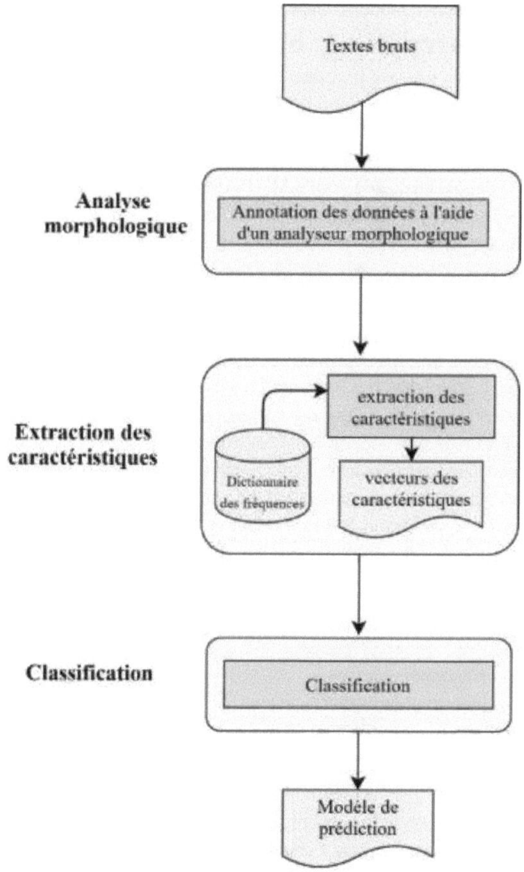

FIG. 5.1: Processo geral adaptado para medir a legibilidade em L2

Para classificar os textos nos três corpora, utilizamos um processo em três fases, como se segue (Figura 5.1):

1. **Análise morfológica**: a entrada para esta fase é um texto de um dos três corpora (GLOSS-Reading, GLOSS-Listening ou Aljazeera-Learning). O resultado desta fase é um ficheiro (para cada texto) anotado com informações como o PoS, o lema, os sinais diacríticos, etc;
2. **Extração de caraterísticas**: nesta fase, extraímos e calculamos todas as nossas caraterísticas. Para calcular as caraterísticas baseadas na frequência, utilizamos o dicionário de frequências que apresentámos no Capítulo 3. Finalmente, para cada ficheiro do corpus, obtemos um vetor de caraterísticas que utilizaremos para preparar o ficheiro de entrada para a fase de classificação;
3. **A fase de classificação**: com base no WEKA, aplicamos os quatro algoritmos de classificação J48, IBK, SMO e Random Forest, que apresentámos em pormenor no Capítulo 2.

O objetivo do processo descrito acima é avaliar a influência das nossas caraterísticas na previsão da legibilidade da L2.

De seguida, descrevemos os processos e os resultados de um conjunto de experiências realizadas com os três corpora GLOSS-Reading, GLOSS-Listening e Aljazeera-Learning. Estas experiências são baseadas em dois analisadores: MADAMIRA e Alkhalil-Toolkit.

Para realizar estas experiências, seguimos o processo apresentado na Figura 5.1, com adaptações nas fases de treino e de geração de modelos. Nas secções seguintes, detalharemos as diferentes fases.

5.4 Modelos preditivos baseados no MADAMIRA

Nesta secção, aplicaremos o nosso processo de geração de modelos preditivos [Nassiri et al., 2018a] nos nossos três corpora: GLOSS-Reading (**GR**), GLOSSListening (**GL**) e Aljazeera-Learning (**AL**). Para a fase de anotação morfológica, utilizaremos o analisador MADAMIRA. O processo consiste primeiro em segmentar os textos em frases utilizando a biblioteca AraNLP [Althobaiti et al., 2014]. O ficheiro resultante é depois analisado com o MADAMIRA para obter um texto anotado que contém as diferentes informações morfológicas, como o PoS, o lema, a haste, etc. Para a geração do modelo, utilizaremos a lista completa de 170 caraterísticas.

5.4.1 Utilizar uma divisão de texto 80/20%

Esta primeira experiência consiste em gerar um modelo de legibilidade em 80% dos dados selecionados aleatoriamente. O modelo resultante é depois testado nos restantes 20%. Esta operação é efectuada separadamente nos três corpora (GR, GL e AL) e é repetida para cada um dos quatro algoritmos escolhidos, utilizando cinco classes (1, 1+, 2, 2+ e 3).

Durante a fase de pré-processamento do corpus, eliminámos todas as letras não árabes. Como resultado, os corpora finais não contêm palavras estrangeiras (palavras escritas em letras não árabes). Por conseguinte, não fazia sentido incluir a categoria "Palavras estrangeiras" no vetor, uma vez que seria sempre zero e, portanto, não daria qualquer informação sobre a dificuldade do texto. Assim, continuámos o trabalho apenas com 169 caraterísticas.

Apresentamos os resultados das experiências em termos de exatidão e de medida F. A exatidão é calculada pela fórmula :

$$Exactitude = \frac{\text{nb des documents correctement prédits}}{\text{nb total des documents de l'ensemble du test}} \times 100. \quad (5.1)$$

n.º de documentos corretamente previstos

número total de documentos para todo o teste^{X}.

A precisão de uma classe i é definida pela fórmula :

$$Prcision_i = \frac{\text{nb des documents correctement attribués à la classe i}}{\text{nb total des documents attribués à la classe i}} \quad (5.2)$$

número de documentos corretamente atribuídos à classe i

número total de documentos atribuídos à classe i

E é generalizada, para todas as classes do modelo, pela fórmula :

$$Prcision = \frac{\sum_{i=1}^{n} \text{Précision}_i}{n} \quad (5.3)$$

Precisão

decisão

A recuperação de uma classe i é definida pela fórmula :

$$Rappel_i = \frac{\text{nb des documents correctement attribués à la classe i}}{\text{nb des documents appartenant à la classe i}} \quad (5.4)$$

$_i$*Lembrete* =

nb de documentos corretamente atribuídos à classe i

nb de documentos pertencentes à classe i

E é generalizada, para todas as classes do modelo, pela fórmula :

$$Rappel = \frac{\sum_{i=1}^{n} \text{Rappel}_i}{n} \quad (5.5)$$

Lembrete

A medida F é definida pela fórmula :

$$\text{F-mesure} = 2\times\frac{\text{Précision}\times\text{Rappel}}{\text{Précision} + \text{Rappel}} \qquad (5.6)$$

PrecisãoxReminder

Rappel de precisão

A principal diferença entre a medida F e a exatidão é que a exatidão pode ser utilizada quando a distribuição das classes é semelhante, enquanto a medida F é uma medida melhor quando há classes desequilibradas, como no nosso caso.

A Tabela 5.1 mostra os resultados obtidos ao testar os modelos gerados em dados não encontrados na fase de aprendizagem (os restantes 20% dos dados) para GR, GL e AL. Este primeiro teste baseia-se no primeiro dicionário e em cinco níveis de legibilidade.

	GR		GL		AL	
	Exatidão	**Medida F**	**Exatidão**	**Medida F**	**Exatidão**	**Medida F**
J48	**61,81%**	**0,64**	44,44%	0,48	75,38%	**0,51**
IBK	45,45%	0,51	62,22%	0,62	69,23%	0,31
SMO	60,0%	0,60	**66,66%**	**0,66**	72,30%	0,39
RF	60,0%	0,61	62,22%	0,64	**80,0%**	0,44

Quadro 5.1: Resultados dos testes para as 169 caraterísticas e MADAMIRA com o primeiro dicionário de cinco classes

Obtivemos um valor máximo de precisão de 61,81% utilizando o algoritmo J48 para o corpus GR e uma medida F de 0,64. O corpus GL teve um desempenho relativamente melhor do que o GR, com uma exatidão máxima de 66,66% e uma medida F de 0,66 utilizando o algoritmo SMO. Para o corpus AL, obtivemos uma precisão máxima de 80% utilizando o algoritmo Random Forest (**RF**), um desempenho que superou os outros dois corpora em mais de 13%, mas utilizando a medida-F obtivemos um valor de 0,51 que é inferior aos valores dos outros dois corpora. Isto deve-se ao grande desequilíbrio do Aljazeera-Learning que já discutimos no Capítulo 4.

Já mencionámos que os nossos três corpora sofrem de um desequilíbrio de dados entre as cinco classes. Assim, regenerámos os modelos utilizando três classes (fácil, média e difícil) em vez de cinco, obtidas agrupando as classes "1" e "1+" numa única classe "fácil", e depois as classes "2+" e "3" na classe "difícil". A classe 2 representa o conteúdo da classe "média". Esta divisão dos dados em três classes é uma escala adoptada por vários trabalhos anteriores [Forsyth, 2014] [Saddiki et al., 2015]. A Tabela 5.2 apresenta os resultados obtidos neste segundo teste para os três corpora. Este teste é igualmente efectuado com base no primeiro dicionário.

	GR		GL		AL	
	Exatidão	**Medida F**	**Exatidão**	**Medida F**	**Exatidão**	**Medida F**
J48	70,90%	0,73	62,22%	0,63	81,53%	0,74
IBK	63,63%	0,63	**73,33%**	0,72	75,38%	0,59
SMO	72,72%	0,72	**73,33%**	**0,75**	83,07%	0,75
RF	**74,54%**	**0,75**	**73,33%**	0,74	**86,15%**	**0,80**

Tabela 5.2: Resultados dos testes para as 169 caraterísticas e MADAMIRA com o primeiro dicionário em três classes

Para o corpus GR, obtivemos um valor máximo de precisão de 74,54% utilizando o algoritmo RF, enquanto obtivemos um valor máximo de F-measure de 0,75. O corpus GL apresentou uma exatidão máxima de 73,33% utilizando os algoritmos IBK, SMO e RF, respetivamente, e obteve um valor máximo de F-measure de 0,75, pelo que, em termos de F-measure, podemos dizer que os dois corpora GLOSS tiveram um desempenho igual. E para o corpus AL, obtivemos uma exatidão máxima de 86,15% com o algoritmo RF e um valor máximo de F-measure de 0,80, o que é muito melhor do que o valor obtido utilizando cinco classes.

Comparando os resultados das Tabelas 5.1 e 5.2, obtivemos um ganho de precisão de mais de 12% para o corpus GR e de mais de 6% para os corpora GL e AL. Em termos de medida F, obtivemos um ganho de 0,29 para AL e de 0,11 e 0,09 para GR e GL, respetivamente.

Os Quadros 5.3 e 5.4 mostram os resultados obtidos mudando o primeiro dicionário pelo segundo dicionário (o que foi compilado a partir do HindaouiCorpus). Para cinco níveis (Tabela 5.3), obtivemos um valor máximo de exatidão de 63,63% utilizando o algoritmo RF para GR e uma medida-F de 0,65 com o mesmo algoritmo, enquanto obtivemos um valor máximo de exatidão de 71,11% utilizando o algoritmo SMO para GL e uma medida-F de 0,74. O AL apresentou uma exatidão máxima de 73,84% utilizando os algoritmos SMO e RF, respetivamente, mas uma medida F de apenas 0,40. Estes resultados excedem o teste com o primeiro dicionário, como esperado, com exceção do corpus AL.

Finalmente, para os três níveis (Tabela 5.4), obtivemos um valor máximo de precisão de 81,81% utilizando o algoritmo RF para GR e um valor máximo de F-measure de 0,82. Para GL, obtivemos um valor máximo de precisão de 80,0% utilizando o algoritmo RF e um valor máximo de F-measure de 0,81. Para GL, obtivemos um valor máximo de exatidão de 80,0% utilizando o algoritmo RF e um valor máximo de F-measure de 0,81. O AL apresentou uma precisão máxima de 83,07% utilizando o algoritmo RF e uma medida F máxima de 0,76. Tal como na classificação de cinco classes, os resultados mostram a importância de

	GR		GL		AL	
	Exatidão	**Medida F**	**Exatidão**	**Medida F**	**Exatidão**	**Medida F**
J48	54,54%	0,56	55,55%	0,55	67,69%	0,36
IBK	60,0%	0,60	62,22%	0,64	70,76%	0,31
SMO	58,18%	0,60	**71,11%**	**0,74**	**73,84%**	**0,40**
RF	**63,63%**	**0,65**	62,22%	0,64	**73,84%**	0,38

Tabela 5.3: Resultados dos testes para as 169 caraterísticas e MADAMIRA com o segundo dicionário em cinco classes

a utilização do segundo dicionário, com exceção do corpus AL.

	GR		GL		AL	
	Exatidão	**Medida F**	**Exatidão**	**Medida F**	**Exatidão**	**Medida F**
J48	69,09%	0,71	66,66%	0,68	80,0%	**0,76**
IBK	78,18%	0,81	64,44%	0,66	76,92%	0,59
SMO	76,36%	0,77	75,55%	0,75	81,53%	0,73
RF	**81,81%**	**0,82**	**80,0%**	**0,81**	**83,07%**	0,75

Tabela 5.4: Resultados dos testes para as 169 caraterísticas e MADAMIRA com o segundo dicionário em três classes

Para resumir esta experiência, a Figura 5.2 mostra uma comparação entre os valores máximos de exatidão obtidos com os três corpora utilizando os dois dicionários. Todos os valores máximos foram obtidos utilizando o algoritmo RF. A mudança do primeiro dicionário para o segundo melhorou os resultados dos modelos de previsão. O GR aumentou de 74,54% com o primeiro dicionário para 81,81% com um ganho de mais de 7% na exatidão utilizando o segundo dicionário, enquanto o GL aumentou de 73,33% para 80% com um ganho de mais de 6% na exatidão. Apenas o AL desceu de 86,15% para 83,07%, com uma perda de cerca de 3% na exatidão.

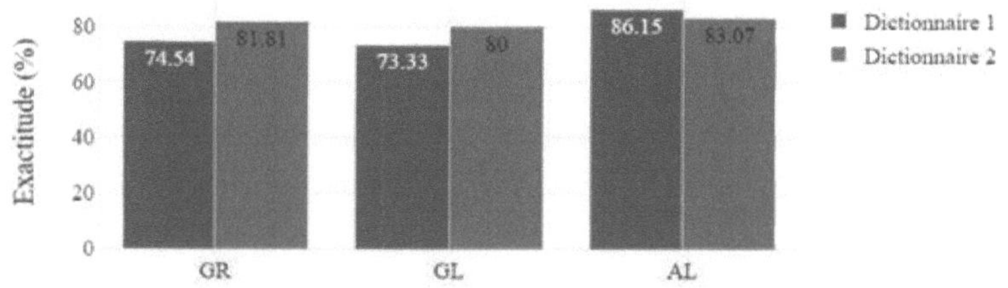

FIG. 5.2: Comparação dos valores de exatidão dos dois dicionários

Relativamente à medida F, a Figura 5.3 mostra uma comparação entre os valores máximos obtidos com os três corpora em combinação com os dois dicionários. Também para esta medida, os valores máximos foram obtidos com o algoritmo RF. Os resultados obtidos com o corpus GR usando o segundo dicionário mostram uma melhoria de 0,07 com uma medida F de 0,82 em vez de 0,75, enquanto o GL aumentou de 0,75 para 0,81 com um ganho de 0,06. Quanto à exatidão, apenas o AL passou de uma medida F de 0,80 para 0,76, com uma perda de 0,04.

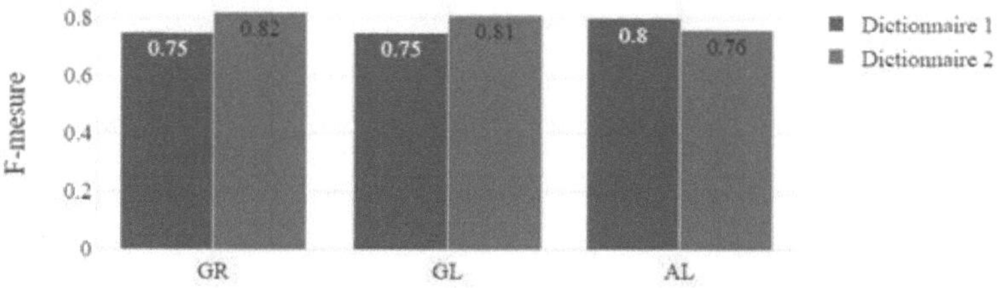

FIG. 5.3: Comparação dos valores de medição F para os dois dicionários

5.4.2 Validação cruzada

Para validar melhor os resultados da primeira experiência, efectuámos uma validação cruzada. O processo é o seguinte:

1. Cada um dos corpora utilizados está dividido em dez partes, cada uma contendo o mesmo número de ficheiros de cada classe;
2. Aplicamos as duas etapas de anotação morfológica e de extração de caraterísticas (ver secção 5.3) às dez partes para obter os seus ficheiros vectoriais (um ficheiro por parte);
3. Geramos um modelo a partir de nove ficheiros vectoriais aplicando o processo de classificação (a última fase do processo que adoptámos);
4. Os modelos obtidos são testados na parte restante;
5. Repetimos os passos 3 e 4 nove vezes. Em cada iteração, alteramos a parte de validação de modo a que todas as partes sejam utilizadas para treino e teste;
6. Os valores finais de exatidão e de medição F são calculados como as médias dos 10 valores de exatidão e de medição F dos 10 testes.

Este processo é repetido para os quatro algoritmos utilizados e cada algoritmo é aplicado em cinco e três níveis (para os três corpora utilizados: AL, GR e GL). Os resultados desta experiência também são obtidos utilizando o conjunto que contém as 169 caraterísticas e serão relativamente inferiores aos da primeira experiência, uma vez que aqui é calculada uma média de 10 testes.

A Tabela 5.5 mostra os resultados desta experiência utilizando o primeiro dicionário e cinco classes. A GR forneceu uma precisão máxima de 61,25%, com uma perda de 0,56% em comparação com a primeira experiência, e uma medida F de 0,60. Nas mesmas condições, o AL apresentou um aumento de 0,06%, enquanto o GL diminuiu mais de 7%, com uma exatidão máxima de 59,47% em vez de

66,66% na primeira experiência e uma medida F de 0,57.

	GR		GL		AL	
	Exatidão	**Medida F**	**Exatidão**	**Medida F**	**Exatidão**	**Medida F**
J48	47,23%	0,47	48,45%	0,48	71,65%	0,71
IBK	46,86%	0,44	50,22%	0,49	76,32%	0,68
SMO	53,87%	0,53	55,94%	0,55	76,63%	**0,74**
RF	**61,25%**	**0,60**	**59,47%**	**0,57**	**80,06%**	0,73

Tabela 5.5: Resultados da validação cruzada com o primeiro dicionário e cinco classes

Para as três classes, obtivemos uma precisão máxima de 74,53% para a GR, 73,12% para a GL e 85,66% para a AL utilizando três níveis, o que representa uma diminuição de 0,01%, 0,21% e 0,49% para a GR, a GL e a AL, respetivamente, como mostra a Tabela 5.6. Obtivemos também uma medida F de 0,74, 0,73 e 0,84 para GR, GL e AL, respetivamente. Dado que os decréscimos não ultrapassam 1%, com exceção da GL em cinco classes, podemos confirmar os resultados da primeira experiência (os obtidos com os 80/20 % dos dados).

	GR		GL		AL	
	Exatidão	**Medida F**	**Exatidão**	**Medida F**	**Exatidão**	**Medida F**
J48	67,52%	0,67	62,99%	0,63	80,99%	0,80
IBK	57,19%	0,57	59,91%	0,59	81,61%	0,78
SMO	69,37%	0,69	67,84%	0,68	82,24%	0,80
RF	**74,53%**	**0,74**	**73,12%**	**0,73**	**85,66%**	**0,84**

Tabela 5.6: Resultados da validação cruzada com o primeiro dicionário e três classes

Repetimos as mesmas experiências, substituindo o primeiro dicionário pelo segundo. A Tabela 5.7 mostra os resultados obtidos neste caso, utilizando cinco classes. Obtivemos uma precisão máxima de 61,25% para GR, 61,23% para GL e 79,43% para AL. Para a medida-F obtivemos um valor de 0,60 para GR e GL respetivamente, enquanto que para AL obtivemos uma medida-F de 0,72.
A Tabela 5.8 mostra os resultados obtidos nas mesmas condições, utilizando três classes em vez de cinco. Obtivemos uma precisão máxima de 78,96% para

	GR		GL		AL	
	Exatidão	**Medida F**	**Exatidão**	**Medida F**	**Exatidão**	**Medida F**
J48	47,97%	0,47	47,57%	0,47	71,02%	0,70
IBK	52,02%	0,50	53,30%	0,52	76,01%	0,63
SMO	55,35%	0,54	**61,23%**	**0,60**	74,14%	0,71
RF	**61,25%**	**0,60**	56,82%	0,54	**79,43%**	**0,72**

Tabela 5.7: Resultados da validação cruzada com o segundo dicionário e cinco classes

GR, 73,12% para GL e 85,98% para AL. Para a medida F, obtivemos um valor de 0,78, 0,73 e 0,84 para GR, GL e AL, respetivamente.

	GR		GL		AL	
	Exatidão	**Medida F**	**Exatidão**	**Medida F**	**Exatidão**	**Medida F**
J48	63,09%	0,63	62,55%	0,62	82,24%	0,81
IBK	68,26%	0,68	63,87%	0,63	81,93%	0,81
SMO	69,74%	0,69	67,84%	0,67	82,86%	0,80
RF	**78,96%**	**0,78**	**73,12%**	**0,73**	**85,98%**	**0,84**

Tabela 5.8: Resultados da validação cruzada com o segundo dicionário e três classes

A Figura 5.4 mostra uma comparação dos valores de precisão máxima obtidos nas experiências de validação cruzada utilizando os dois dicionários e três classes. Notamos que o segundo dicionário teve um desempenho melhor do que o primeiro dicionário para o corpus GR, com uma precisão de 78,96% em vez de 74,53%. Para o corpus GL, obtivemos a mesma precisão de 73,12% com os dois dicionários, enquanto o AL mostrou uma melhoria de 0,32% ao utilizar o segundo dicionário em vez do primeiro.

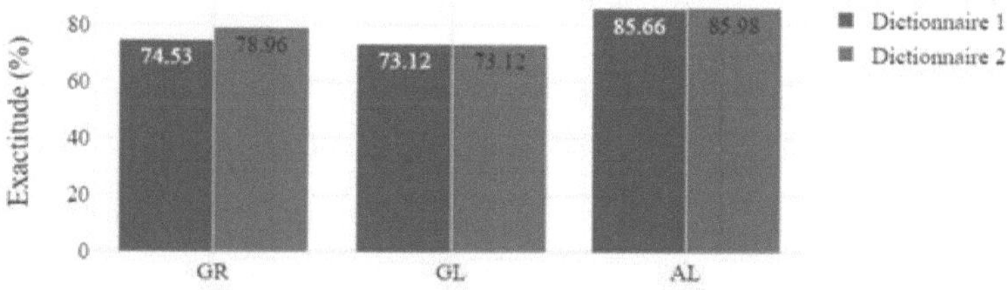

FIG. 5.4: Comparação dos valores de exatidão da validação cruzada para os dois dicionários

Os resultados ilustrados na Figura 5.5 mostram uma comparação dos valores máximos da medida F obtidos nas experiências de validação cruzada utilizando os dois dicionários e três classes. O segundo dicionário teve um melhor desempenho do que o primeiro dicionário para o corpus GR, com um valor de 0,78 em vez de 0,74. Obtivemos um valor de F-measure igual a 0,73 e 0,84 para os corpora GL e AL, respetivamente, usando os dois dicionários.

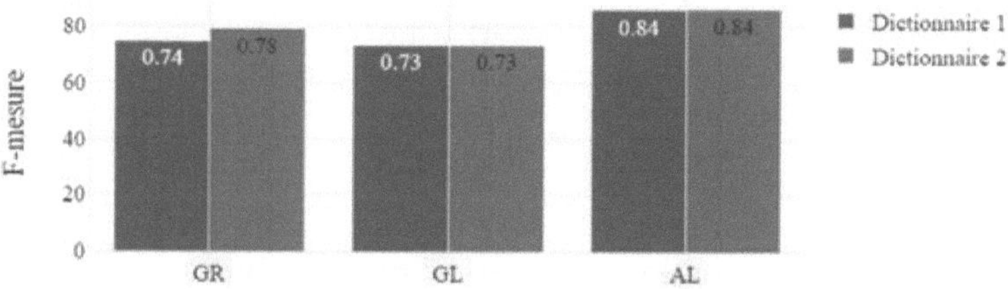

FIG. 5.5: Comparação dos valores da medida F da validação cruzada para os dois modelos de dic. tionários

A partir dos resultados das duas secções (5.4.1 e 5.4.2), podemos concluir que o segundo dicionário tem um desempenho melhor do que o primeiro. Assim, continuaremos as restantes experiências desta tese com um único dicionário de frequências (o segundo dicionário compilado a partir do *HindaouiCorpus*) e com uma distribuição 80/20% dos dados.

5.5 Modelos baseados no Alkhalil-Toolkit

As experiências, que apresentaremos nesta secção, são realizadas utilizando o mesmo processo que na secção anterior, mas substituindo o analisador MADAMIRA pelo Alkhalil-Toolkit [Nassiri et al., 2018b]. Como os dois analisadores não utilizam as mesmas etiquetas (o Alkhalil-Toolkit utiliza 27 etiquetas enquanto o MADAMIRA utiliza 34 etiquetas), procedemos a uma readaptação da lista de caraterísticas. Isto permitiu-nos reduzir o número de caraterísticas de 169 para 137. O quadro 5.9 apresenta a nova repartição em categorias.

A Tabela 5.10 mostra a correspondência entre as etiquetas dos dois analisadores utilizados. As diferenças referem-se essencialmente às categorias: substantivo, adjetivo, advérbio, partícula e conjunção. Para além destas diferenças, a caraterística "*proporção de pontuação em relação ao total de palavras*" é ignorada, uma vez que o Alkhalil-Toolkit ignora a pontuação no momento da etiquetagem.

De seguida, apresentamos duas séries de experiências. Uma série :

1. Utilizar os três corpora de forma independente;

2. Ao fundir os três corpora.

Categoria	Tamanho antigo	Novo tamanho
Frequências baseadas no PoS	96	71
Rácios entre o PoS do lema e as palavras	33	26
Sequências de palavras e lemas	17	17
Rácio palavra/palavra	4	4
Comprimento médio das palavras	5	5
Carga de vocabulário	3	3
Classes de palavras	4	4
Duração média da pena	4	4
Ambiguidade	3	3
Total	**169**	**137**

Quadro 5.9: Repartição das caraterísticas do Alkhalil-Toolkit por categoria

categoria	MADAMIRA	Alkhalil-Toolkit
Nome	substantivo noun_num noun_quant	Não
Adjetivo	adj adj_num	Sifa
Advérbio	adv adv_rel	Dz
Partícula	part part_focus part_interrog part_verb	PaNs PNa CJ
Conjunção	conj conj_sub	Co

Tabela 5.10: Correspondência entre as etiquetas MADAMIRA e Alkhalil-Toolkit

5.5.1 Utilizar os três corpora de forma independente

A Tabela 5.11 mostra os resultados desta primeira experiência com uma classificação de cinco níveis. Para AL, obtivemos um valor de precisão máxima de 81,53%, mas com uma medida F de apenas 0,46. Para GR, obtivemos 63,63% como precisão máxima e 0,61 como medida F. Para o GR, obtivemos 63,63% como precisão máxima e 0,61 como medida F. O GL forneceu 55,55% de exatidão máxima e 0,47 de medida F utilizando o algoritmo RF. Estes resultados são melhores do que os da primeira experiência, com exceção do corpus GL, que baixou de 71,11% para 55,55%.

	GR		GL		AL	
	Exatidão	**Medida F**	**Exatidão**	**Medida F**	**Exatidão**	**Medida F**
J48	50,90%	0,53	53,33%	**0,56**	70,76%	0,34
IBK	52,72%	0,53	42,22%	0,41	67,69%	**0,56**
SMO	60,0%	0,61	**55,55%**	0,54	80,0%	0,44
RF	**63,63%**	**0,61**	**55,55%**	0,47	**81,53%**	0,46

Tabela 5.11: Resultados dos testes Alkhalil-Toolkit em cinco classes

	GR		GL		AL	
	Exatidão	**Medida F**	**Exatidão**	**Medida F**	**Exatidão**	**Medida F**
J48	61,81%	0,65	71,11%	0,73	78,46%	0,70
IBK	67,27%	0,68	62,22%	0,58	70,76%	0,61
SMO	**81,81%**	**0,82**	**75,55%**	0,74	**87,69%**	**0,82**

RF	80,0%	0,81	**75,55%**	**0,75**	**87,69%**	**0,82**

Tabela 5.12: Resultados dos testes Alkhalil-Toolkit em três classes

Para três níveis, os resultados apresentados na Tabela 5.12 ilustram que o GR atinge uma precisão máxima de 81,81% com o algoritmo SMO e uma medida F máxima de 0,82. O GL demonstrou uma exatidão de 75,55% utilizando os algoritmos SMO e RF e uma medida F de 0,75, enquanto o AL forneceu 87,69% como exatidão máxima utilizando os algoritmos SMO e RF, para além de uma medida F de 0,82. Mais uma vez, os resultados são melhores do que os obtidos com o MADAMIRA, com exceção do corpus GL, que baixou de 80% para 75,55%.

A utilização do Alkhalil-Toolkit em vez do MADAMIRA com o corpus AL aumentou a precisão máxima de 83,07% para 87,5%, o que nos leva a concluir que o corpus AL tem um melhor desempenho com o Alkhalil-Toolkit do que com o MADAMIRA.

5.5.2 Fundir os três corpora

Depois de apresentar o desempenho de cada corpus de forma independente nas experiências anteriores, surgiu a questão de saber porque não fundir os três corpora. Assim, juntámos os três corpora e repetimos as experiências anteriores no novo corpus. A Tabela 5.13 mostra a distribuição por nível dos textos do novo corpus. A Tabela 5.14 mostra os resultados destas experiências em cinco e três classes.

	Número de textos	Número de frases	Número de palavras
1	88	3 201	16 023
1+	267	1 719	29 327
2	213	2 550	53 244
2+	156	2 851	59 914
3	92	2 132	42 074
Total	**816**	**12 453**	**200 582**

Tabela 5.13: Distribuição dos níveis do corpus combinado

	5 classes		3 classes	
	Exatidão	**Medida F**	**Exatidão**	**Medida F**
J48	50,30%	0,49	66,66%	0,63
IBK	45,45%	0,40	63,03%	0,61
SMO	60,0%	0,56	**77,57%**	**0,75**
RF	**67,27%**	**0,65**	76,36%	0,72

Tabela 5.14: Resultados dos testes para o corpus combinado

Para cinco classes, obtivemos uma precisão máxima de 67,27% e uma medida F de 0,65 utilizando o algoritmo RF. Para três classes, obtivemos uma precisão máxima de 77,57% e uma medida F de 0,75 utilizando o algoritmo SMO. Os resultados destas experiências são inferiores aos valores obtidos nas experiências anteriores. Isto pode ser justificado pelo facto de a precisão do corpus com pior desempenho afetar automaticamente a dos outros corpora. É também de notar que os três corpora são relativamente diferentes em termos de :

1. Os seus tipos: o corpus GR é um corpus de leitura, ao contrário do GL que é um corpus de audição;
2. As suas fontes: o corpus GLOSS e o corpus AL provêm de fontes diferentes.

No resto da tese, trabalharemos com os três corpora anotados morfologicamente de forma independente com o Alkhalil-Toolkit.

5.6 Reduzir o tamanho dos vectores de texto

A seleção e a qualidade das caraterísticas que representam cada modelo têm influência no sucesso da classificação subsequente. Durante a fase de extração de caraterísticas, podem ser derivadas novas caraterísticas das caraterísticas originais para aumentar a eficiência do classificador e permitir uma maior precisão. Embora isto seja útil para a visualização dos dados e a eficiência da classificação, não reduz necessariamente o número de caraterísticas a medir, uma vez que cada nova caraterística pode ser uma combinação linear de outras caraterísticas no vetor original.

Nesta secção, apresentamos uma abordagem à redução de caraterísticas baseada em dois pressupostos:

1. As caraterísticas derivadas e as caraterísticas originais podem, por vezes, conter a mesma informação. Este facto foi objeto de uma primeira experiência para decidir se se devia manter apenas as caraterísticas originais ou ambas;
2. Algumas caraterísticas são mais relevantes do que outras. A segunda experiência tem por objetivo avaliar o impacto da utilização dos melhores preditores.

5.6.1 Omissão de caraterísticas derivadas

O conjunto das 137 caraterísticas obtidas na experiência anterior inclui um conjunto de relações cujas caraterísticas componentes também fazem parte do vetor. Vamos começar por eliminar estes rácios para ver o efeito desta eliminação. A Tabela 5.15 enumera os rácios eliminados e as suas caraterísticas componentes (usamos as abreviaturas do Apêndice C).

Note-se também que a categoria "Rácio palavra/palavra" foi completamente ignorada, uma vez que é composta apenas por rácios. O resto das experiências são efectuadas utilizando apenas oito categorias de caraterísticas em vez de nove.

A omissão destes rácios deu-nos uma nova lista de 117 caraterísticas em vez de 137. A distribuição das novas caraterísticas por categoria é apresentada no Quadro 5.16.

A figura 5.6 mostra os valores de precisão máxima obtidos com a realização dos ensaios.

Rácio	Caraterísticas dos componentes
SL2	WL1 / SL1
SL3	WL5 / SL1
SL4	WL4 / SL1
WL2	WL4 / WL1
WL3	WL5 / WL1
WC2	WC1 / WL1
WC4	WC3 / WL1
AMb2	AMb1 / WL1
AMb3	AMb1 / VL1
VL3	VL2 / WL1
TTPR4	TTPR28 / WL1
TTPR8	TTPR27 / WL1
TTPR10	TTPR29 / WL1
TTPR22	TTPR31 / WL1

Quadro 5.15: Lista de alguns rácios

Categoria	Tamanho antigo	Novo tamanho
Frequências baseadas no PoS	71	71
Rácios entre o PoS do lema e as palavras	26	22
Sequências de palavras e lemas	17	15
Rácio palavra a palavra	4	0
Comprimento médio das palavras	5	3
Carga de vocabulário	3	2
Classes de palavras	4	2
Duração média da pena	4	1
Ambiguidade	3	1

Total	137	117

Quadro 5.16: Repartição das caraterísticas por categoria após omissão dos rácios

em três classes. Para o corpus AL, obtivemos um valor máximo de precisão de 86,69%, um valor idêntico ao obtido antes da omissão dos rácios. Para o corpus GL, todos os 117 preditores foram utilizados para obter um valor de exatidão de 82,22% em vez de 75,55%, um ganho de mais de 6%. Apenas o corpus GR registou uma diminuição de 1,81%, com uma precisão de 80% em vez de 81,81%.

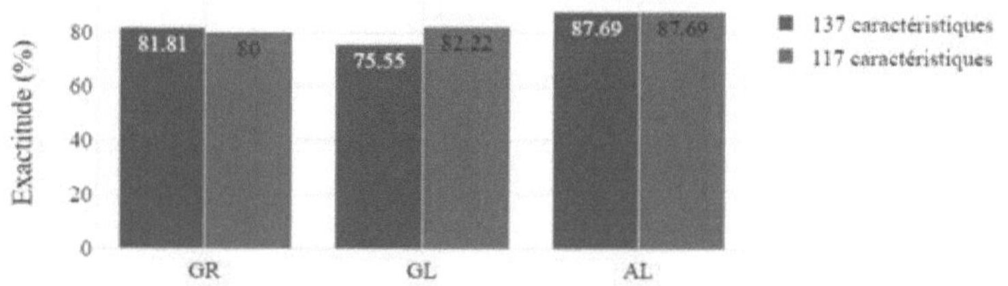

FIG. 5.6: Resultados da precisão após a omissão dos rácios utilizando três classes

A Figura 5.7 mostra os valores máximos da medida-F obtidos para três classes. O corpus AL manteve o mesmo valor de 0,82 para ambos os conjuntos de caraterísticas, enquanto o corpus GR apresentou uma diminuição de 0,01 e o GL um aumento de 0,07 após a omissão dos rácios.

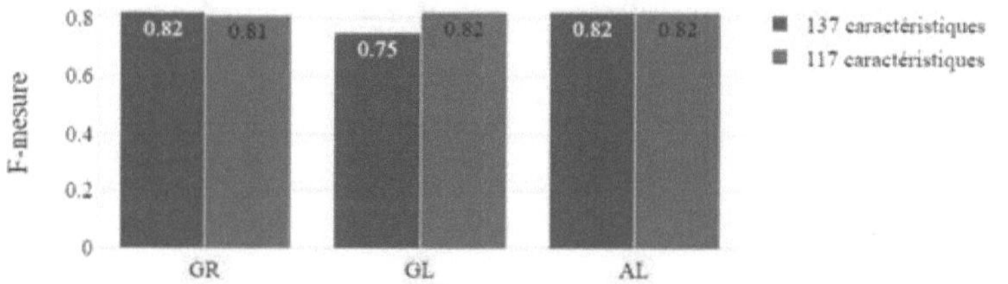

FIG. 5.7: Resultados da medição F após omissão de rácios utilizando três classes

Os resultados das duas experiências mostram que temos um ganho de precisão e de medida F para o corpus GL e valores estáveis para o corpus AL, enquanto temos uma ligeira perda com o corpus GR. Isto confirma a hipótese relativa à utilidade de manter as caraterísticas originais e ignorar as derivadas.

5.6.2 Seleção dos melhores preditores

O principal objetivo desta experiência é determinar as caraterísticas mais relevantes e ver o seu impacto na previsão da legibilidade. Para o efeito, seguimos o processo descrito abaixo:

1. Para cada uma das oito categorias de caraterísticas obtidas nas experiências anteriores, gerámos um ficheiro vetorial;
2. Para cada ficheiro gerado, procedeu-se a uma seleção automática das caraterísticas com o WEKA, utilizando o método "CfsSubsetEval" [Hall, 2000]. Este método avalia o valor de um subconjunto de atributos considerando a capacidade preditiva individual de cada caraterística e o grau de redundância entre elas. Os subconjuntos de caraterísticas que estão fortemente correlacionados com a classe e que têm uma baixa intercorrelação são preferidos. Combinámos este método com o método de pesquisa "BestFirst" [Korf, 1993], que procura no espaço subconjuntos de atributos. Começa com o conjunto vazio de atributos e pesquisa para a frente, ou com o conjunto completo de atributos e pesquisa para trás, ou em qualquer ponto e pesquisa em ambas as direcções (considerando todas as adições e supressões possíveis de um único atributo num dado ponto);
3. Selecionámos as melhores caraterísticas obtidas em cada categoria e combinámo-las para obter um novo ficheiro de entrada WEKA com 70 caraterísticas;
4. Finalmente, aplicámos o processo utilizado anteriormente (ver secção 5.3), com o novo conjunto

de caraterísticas em três classes. Executámos o teste nos três corpora, utilizando 80% dos dados para treino e 20% para teste.

O Quadro 5.17 mostra a distribuição deste novo conjunto de caraterísticas por categoria. Mantivemos as oito categorias com um total de 70 caraterísticas em vez das 170 originais.

Categoria	**Tamanho antigo**	**Novo tamanho**
Frequências baseadas no PoS	71	37
Rácios entre o PoS do lema e as palavras	22	15
Sequências de palavras e lemas	15	10
Comprimento médio das palavras	3	3
Carga de vocabulário	2	2
Classes de palavras	2	1
Duração média da pena	1	1
Ambiguidade	1	1
Total	**117**	**70**

Tabela 5.17: Classificação das caraterísticas após a seleção dos melhores preditores

A Figura 5.8 mostra os valores de precisão máxima obtidos com este novo conjunto de preditores. Para o corpus AL, obtivemos um valor de precisão máxima de 84,61% em vez de 87,69%, enquanto para o corpus GR obtivemos um valor de precisão máxima de 81,81% em vez de 80%, ao contrário do corpus GL, para o qual obtivemos um valor de precisão máxima de 75,55% em vez de 82,22%.

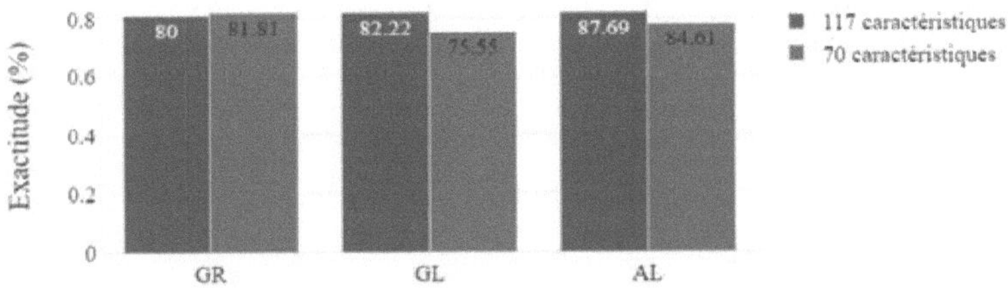

FIG. 5.8: Resultados da precisão após a seleção dos melhores preditores utilizando três classes

Os resultados em termos de F-measure são apresentados na Figura 5.9. Para o AL, obtivemos um valor de F-measure de 0,78, enquanto que para o corpus GR obtivemos um valor de 0,82, em comparação com 0,75 como F-measure para o corpus GL.

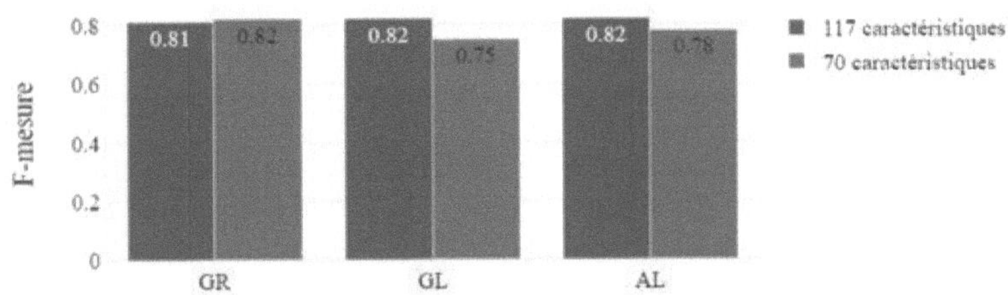

FIG. 5.9: Resultados da medição F após a seleção dos melhores preditores utilizando três classes

Comparando a ligeira diminuição da precisão e da medida F de 170 caraterísticas para apenas 70, mostra que o conjunto final de 70 caraterísticas é o mais significativo de todos os preditores que recolhemos.

É de notar que todos os resultados foram obtidos utilizando conjuntos de dados de equilíbrio. Na próxima secção, apresentaremos técnicas para ultrapassar este problema.

5.7 Reequilíbrio de dados

Nesta secção, veremos como gerir um conjunto de dados desequilibrados.

A Tabela 5.18 apresenta as estatísticas para os três corpora utilizados. Note-se que a classe 2 é maioritária para os corpora GR e GL, enquanto a classe 1+ é maioritária para o corpus AL.

Nível	GR	GL	AL
1	34	43	12
1+	29	18	220
2	95	65	54
2+	68	62	27
3	45	39	8
Total	**271**	**227**	**321**

Quadro 5.18: Estatísticas sobre os corpora utilizados

A maioria dos algoritmos de aprendizagem automática tende a favorecer a classe maioritária. Para favorecer também as outras classes, existem técnicas como a subamostragem e a sobreamostragem [Liu, 2004]. A sobreamostragem e a subamostragem são utilizadas para modificar classes desiguais de dados, a fim de criar conjuntos de dados equilibrados.

A sobreamostragem é utilizada, quando a quantidade de dados recolhidos é insuficiente, para reproduzir os resultados de modo a obter uma quantidade mais equilibrada de dados na formação. Entre as técnicas de sobreamostragem mais populares encontra-se a Synthetic Minority Over-sampling Technique (**SMOTE**) [Chawla et al., 2002] (ver Apêndice D), uma abordagem em que a classe minoritária é sobreamostrada através da criação de exemplos "sintéticos" obtidos por amostragem aleatória das caraterísticas das ocorrências desta classe. Utilizámos esta técnica para equilibrar os nossos dados e verificar o seu impacto no desempenho dos nossos modelos de previsão. O processo adotado durante esta experiência é o seguinte:

- Aplicamos o nosso processo de anotação e extração de vectores de caraterísticas a todos os dados dos três corpora;
- Para cada corpus, geramos um ficheiro que contém os vectores que representam os textos do corpus;
- Utilizando o algoritmo Random Forest implementado na biblioteca Python "**scikit-learn** [1]", efectuamos uma classificação inicial utilizando uma distribuição 80/20% dos vectores gerados;
- Os resultados da exatidão por nível desta primeira classificação são apresentados na Tabela 5.19 ;

	GR	GL	AL
1	83,33%	77,77%	-
1+	66,66%	16,66%	95,65%
2	80%	75%	66,66%
2+	25%	45,45%	88,88%
3	66,66%	50%	0%
Total	**60%**	**56,52%**	**89,23%**

Quadro 5.19: Resultados dos testes sobre dados não equilibrados

- Em seguida, aplicamos a técnica SMOTE aos vectores de treino para os equilibrar e obtemos uma nova distribuição dos vectores. Para o corpus AL, a classe "1+" é a classe maioritária com um total de 166 vectores. Após o SMOTE, todas as classes do AL terão o mesmo total (166 vectores);
- Os resultados da exatidão por nível, obtidos utilizando os dados equilibrados, são apresentados na Tabela 5.20.

	GR	GL	AL
1	83,33%	88,88%	-

1 +	87,5%	33,33%	97,82%
2	60%	75%	100%
2+	31,25%	45,45%	100%
3	77,77%	62,5%	100%
Total	**60%**	**63,04%**	**98,46**

Quadro 5.20: Resultados dos testes aos dados após sobreamostragem

Comparando os resultados das tabelas 5.19 e 5.20, podemos concluir que a utilização de técnicas de reequilíbrio melhorou os resultados da classificação, tanto em termos de exatidão total como da exatidão de cada nível independentemente.

1. https://scikit-learn.org (visitado pela última vez em 10/11/2020)

5.8 Comparação com o estado da arte

A maior parte do trabalho relatado no estado da arte é efectuado no corpus GLOSSReading, utilizando três classes e os mesmos algoritmos que nós utilizámos. Na Figura 5.10, comparamos a precisão máxima do nosso trabalho com a do estado da arte. Nas mesmas condições, o valor máximo de exatidão foi reportado por [Saddiki et al., 2015] e é de 73,31%. No nosso caso, registámos um valor de precisão máxima de 81,81%.

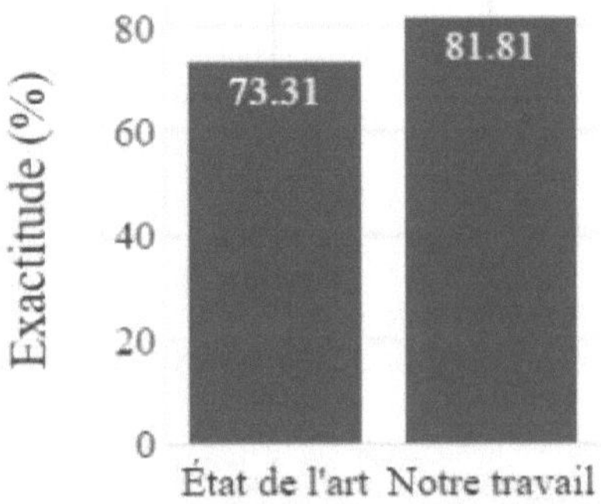

FIG. 5.10: Comparação do valor da precisão máxima com o valor do estado da arte

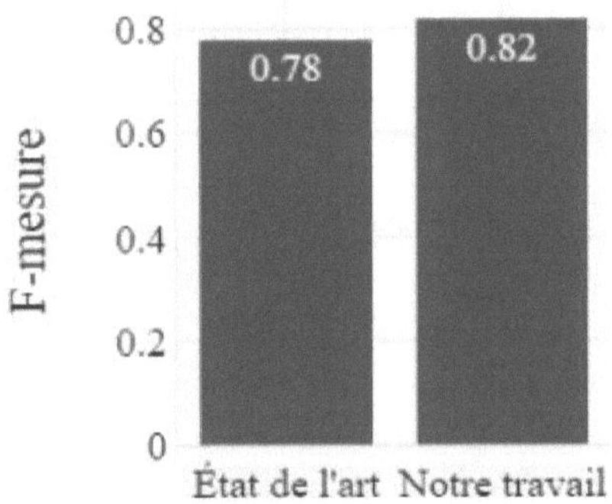

FIG. 5.11: Comparação do valor da medição F máxima com o do estado da arte

Novamente usando o GLOSS com três classes, [Forsyth, 2014] relatou a medida F máxima do estado da arte, que é igual a 0,78. Como se mostra na Figura 5.11, registámos uma medida F de 0,82 nas mesmas condições.

5.9 Conclusão

Neste capítulo, apresentámos um conjunto de experiências que utilizam técnicas de ML para prever a legibilidade de textos destinados a aprendentes de L2. Treinámos e testámos os nossos modelos utilizando os corpora Aljazeera-Learning (AL), GLOSS-Reading (GR) e GLOSS-Listening (GL).

O primeiro objetivo é avaliar o impacto do conjunto de caraterísticas recolhidas na previsão da legibilidade de L2. O segundo objetivo é reduzir o conjunto de caraterísticas utilizadas no processo de predição, mantendo ou aumentando o desempenho obtido com o conjunto inicial de caraterísticas. Nas primeiras experiências relatadas, gerámos os modelos de previsão com base em 80% dos dados, selecionados aleatoriamente. Os modelos gerados foram depois testados nos restantes 20%. De seguida, realizámos uma experiência de validação cruzada com base em 10 amostras, a fim de validar os resultados da primeira classificação.

A primeira experiência baseou-se na extração de 169 caraterísticas e foi realizada utilizando o MADAMIRA como analisador morfológico. Os testes do modelo atingiram uma exatidão máxima de 81,81% com GR e uma medida-F de 0,82. 80% e 0,81 são os valores de exatidão e de medida-F obtidos com GL, enquanto 83,07% e 0,76 são obtidos com AL utilizando o algoritmo Random Forest, três classes e o segundo dicionário introduzido no capítulo 3. A utilização da validação cruzada nestas mesmas condições resultou numa exatidão máxima de 78,96%, 73,12% e 85,98% e em medidas F de 0,78, 0,73 e 0,84 para GR, GL e AL, respetivamente.

A alteração do analisador MADAMIRA para Alkhalil-Toolkit e a utilização do segundo dicionário reduziram o número de caraterísticas de 169 para 137 após a adaptação dos preditores a todas as etiquetas do analisador. Obtivemos valores de precisão máxima de 81,81%, 75,55% e 87,69% para GR, GL e AL, respetivamente, utilizando o algoritmo SMO e três classes. Para a medida F, obtivemos 0,82 para GR e AL, e 0,75 para o corpus GL.

Apresentámos igualmente os resultados de testes que consistiram em ignorar um certo número de caraterísticas que revelaram um mau desempenho. Os resultados destas experiências mostram que as caraterísticas ignoradas não influenciam significativamente o processo de classificação. Isto é promissor porque, se quisermos utilizar o nosso modelo para dar sugestões aos professores sobre as caraterísticas a ter em conta na escolha ou criação de textos para alunos de L2, é melhor utilizar um conjunto mais pequeno de caraterísticas.

Por último, apresentámos os resultados do desenvolvimento de um modelo de previsão baseado em dados que tínhamos reequilibrado. Os resultados desta última experiência provaram que a sobreamostragem melhora os resultados de previsão dos nossos modelos.

Capítulo 6

Medir a legibilidade em L1

6.1 Introdução

O processo de ensino de uma língua durante os anos do ensino básico requer materiais adaptados ao nível de leitura e às competências dos alunos. Se o material apresentado a um leitor for fácil de ler e contiver ideias claras e ordenadas, é mais provável que o entusiasmo do aluno pela leitura aumente. Daí a necessidade de escolher o nível de dificuldade correto para os textos apresentados aos leitores.
Como já referimos, os actuais métodos de medição da legibilidade utilizam o ML para prever o nível de dificuldade de um determinado texto. Relativamente ao árabe, a maior parte do trabalho é dedicada à L2. Por outro lado, há pouca investigação dedicada à L1.
Neste capítulo, utilizámos o corpus MoSAR dedicado a aprendentes de L1 e anotado com seis níveis de dificuldade. Utilizámos também uma abordagem de medição da legibilidade baseada em caraterísticas inspiradas no nosso trabalho em L2 e que adaptámos para L1. Esta abordagem é uma combinação de caraterísticas clássicas e não clássicas. O objetivo é avaliar o desempenho destas caraterísticas na previsão da legibilidade em L1. Descreveremos e discutiremos o processo seguido, as caraterísticas utilizadas e os resultados obtidos.

6.2 Aplicar as caraterísticas de L2 a L1

Durante as nossas experiências em L2, demonstrámos que as caraterísticas do rácio não afectam o processo de previsão, porque a mesma informação é transportada pelos preditores originais. Começaremos a trabalhar em L1 com este conjunto reduzido de 117 caraterísticas obtidas ignorando os rácios. Não podemos começar as experiências com o conjunto final de 70 caraterísticas porque estas são obtidas através de uma abordagem ligada aos corpora utilizados. A primeira experiência consiste essencialmente em avaliar o impacto da aplicação das 117 caraterísticas na previsão da legibilidade em L1. A Tabela 6.1 apresenta os resultados obtidos com o corpus MoSAR, a fim de avaliar o impacto das caraterísticas neste corpus. Obtivemos uma precisão máxima de 63,33% utilizando RF, mas uma medida F máxima de apenas 0,58.

	Exatidão	Medida F
J48	55%	0,50
IBK	36,66%	0,36
SMO	47,5%	0,44
RF	**63,33%**	**0,58**

Tabela 6.1: Resultados dos testes para 117 caraterísticas no MoSAR utilizando seis níveis

A maior parte do trabalho relatado no estado da arte utiliza três níveis: fácil, médio e difícil. Para utilizar estas três classes, reanotámos os níveis do corpus MoSAR da seguinte forma:

- Nível fácil: combina os níveis 1 e 2 ;
- Nível médio: combina os níveis 3 e 4 ;
- Nível difícil: combina os níveis 5 e 6.

A experiência final apresentada na Tabela 6.2 envolve a previsão utilizando apenas três classes. A precisão máxima obtida é de 71,66% com uma medida F de 0,71 utilizando o algoritmo RF.

	Exatidão	Medida F
J48	65,0%	0,64
IBK	54,16%	0,54
SMO	60,83%	0,61
RF	**71,66%**	**0,71**

Tabela 6.2: Resultados do teste para 117 caraterísticas no MoSAR utilizando três níveis

Os resultados obtidos permitem-nos concluir que os 117 factores preditores da L2 têm um impacto significativo na L1. Para melhorar estes resultados, adoptámos duas estratégias:

1. Eliminar caraterísticas que reduzem a precisão;
2. Incorporar outras caraterísticas.

6.3 Seleção dos melhores preditores

Tal como em L2, o objetivo desta experiência é determinar as caraterísticas com melhor desempenho entre as 117. Como indicado na secção 5.6.2, o processo consiste em :

1. Gerar vectores para cada categoria de caraterísticas ;
2. Selecionar os melhores preditores para cada categoria;
3. Finalmente, combinar as melhores caraterísticas num único vetor para o utilizar como nova entrada para a fase de classificação.

A aplicação deste processo resultou numa lista de 37 caraterísticas, agrupadas por categorias, como se mostra na Tabela 6.3. Como mostram as Figuras 6.1 e 6.2, os resultados obtidos com esta nova lista são melhores do que com a lista antiga. Os resultados são obtidos utilizando o algoritmo RF.

Categoria	Tamanho antigo	Novo tamanho
Frequências baseadas no PoS	71	17
Rácios entre o PoS do lema e as palavras	22	8
Sequências de palavras e lemas	15	4
Comprimento médio das palavras	3	3
Carga de vocabulário	2	2
Classes de palavras	2	1
Duração média da pena	1	1
Ambiguidade	1	1
Total	**117**	**37**

Quadro 6.3: Repartição por categoria dos melhores indicadores de previsão em L1

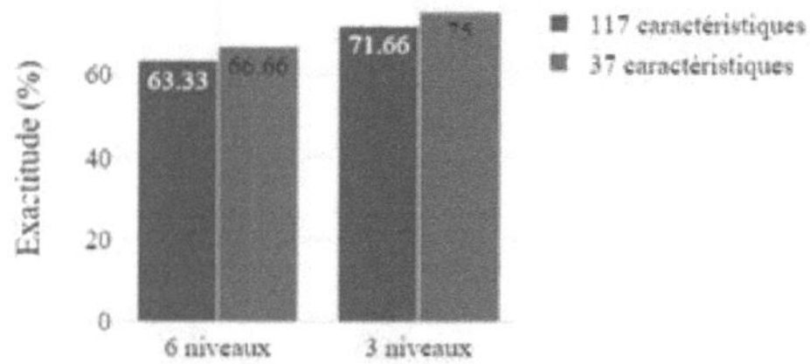

Fig. 6.1: Precisão máxima obtida após a seleção dos melhores preditores em L1

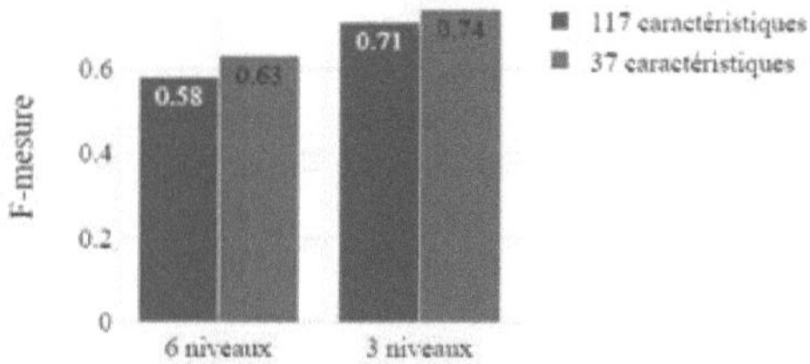

Fig. 6.2: Medidas F máximas obtidas após a seleção dos melhores preditores em L1

6.4 Integrar o vocabulário

Existe uma forte ligação entre o conhecimento do vocabulário e a legibilidade dos textos. O conhecimento do vocabulário foi sempre considerado como o principal indicador da dificuldade de um texto. Os procedimentos utilizados para avaliar o fator vocabulário variam, incluindo a contagem de sílabas, a contagem da frequência das palavras, etc. Em geral, a contagem de palavras "fáceis" ou "difíceis" num texto é muito importante para detetar se um texto é fácil ou difícil. Outros estudos afirmam que o vocabulário conhecido pelo leitor é importante [Cavalli-Sforza et al., 2014].

Para verificar esta hipótese, introduziremos a família "conteúdo vocabular" nos nossos testes. Esta abordagem baseia-se numa divisão do vocabulário de um texto entre o que é "conhecido" e o que é "alvo". Um vocabulário é :

- **Alvo**, se se destina à aprendizagem no nível de competência atual, aquele a que o texto pertence;
- **Conhecida**, se já tiver sido aprendida antes deste nível de competência.

Um texto é adequado para um nível de estudo se contiver uma certa proporção de palavras visadas por esse nível e um número suficiente de palavras facilmente reconhecíveis pelo aprendente, ou seja, conhecidas. Realizámos duas experiências com base nesta abordagem, a primeira utilizando léxicos baseados em palavras e a segunda utilizando léxicos baseados em lemas.

O processo desta experiência consiste em :

1. Elaborar um léxico de vocabulário para cada um dos seis níveis principais. O léxico de cada nível contém as novas palavras/letras desse nível, ignorando as dos níveis anteriores;
2. Para cada texto do corpus, acrescentar ao vetor das 37 melhores caraterísticas selecionadas, seis caraterísticas correspondentes ao número de palavras/lemas conhecidos num determinado nível (o número de palavras/lemas do texto que pertencem aos léxicos dos níveis anteriores);
3. Para cada texto do corpus, adicione ao novo vetor obtido no segundo passo seis outras caraterísticas, cada uma correspondendo ao número de palavras/lemas-alvo num determinado nível (o número de palavras/lemas no texto que pertencem ao léxico do nível atual e que não estão incluídos nos léxicos dos níveis anteriores);
4. Utilizar o novo vetor, de tamanho 49, para desenvolver novos modelos de previsão.

Os modelos são desenvolvidos utilizando os quatro algoritmos de aprendizagem. Para o teste de três níveis, o tamanho do vetor será de 43, uma vez que utilizaremos três caraterísticas do vocabulário conhecido e três do vocabulário alvo.

A Tabela 6.4 apresenta as dimensões dos léxicos para cada nível de estudo. Estes léxicos são gerados a partir dos dados de treino do corpus (os 80%).

Nível	Tamanho do léxico de palavras	Tamanho do léxico de lemas
1	1 437	779
2	4 665	2 374
3	2 789	1 359
4	6 463	2 999
5	4 446	2 051
6	2 582	1 077

Tabela 6.4: Tamanho dos léxicos MoSAR

Os melhores resultados nesta experiência foram obtidos utilizando o algoritmo IBK, ao contrário da experiência com 37 caraterísticas que deu os melhores valores utilizando o algoritmo RF. A Figura 6.3 mostra os resultados da incorporação desta nova categoria, baseada em palavras, em termos de exatidão. Para os resultados baseados nos seis níveis primários e nos três níveis, obtivemos uma precisão máxima de 57,49% e 50,83%, respetivamente, valores muito baixos em comparação com os valores da experiência anterior.

A Figura 6.4 apresenta os melhores resultados em termos de medida F. Para os seis níveis, obtivemos um valor máximo de 0,55 em vez de 0,63. A utilização de três níveis deu um valor máximo de 0,56 em vez de 0,74.

A Figura 6.5 mostra os resultados de precisão obtidos com a repetição da mesma experiência, com uma mudança de léxico de palavras para léxico de lemas. A utilização do léxico baseado em lemas em vez do léxico baseado em palavras permitiu-nos obter uma melhor precisão.

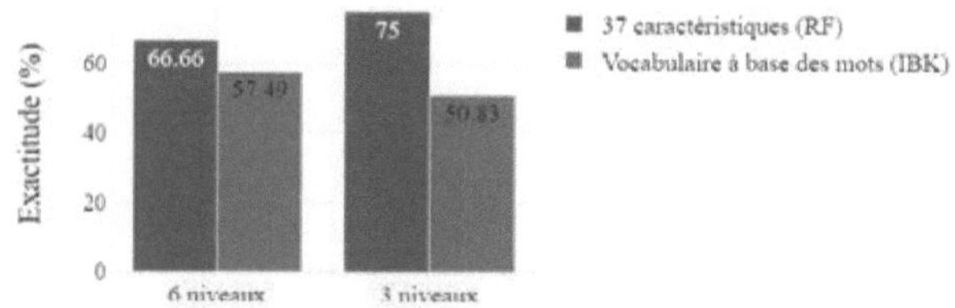

Fig. 6.3: Precisões máximas obtidas com o domínio do vocabulário baseado em palavras

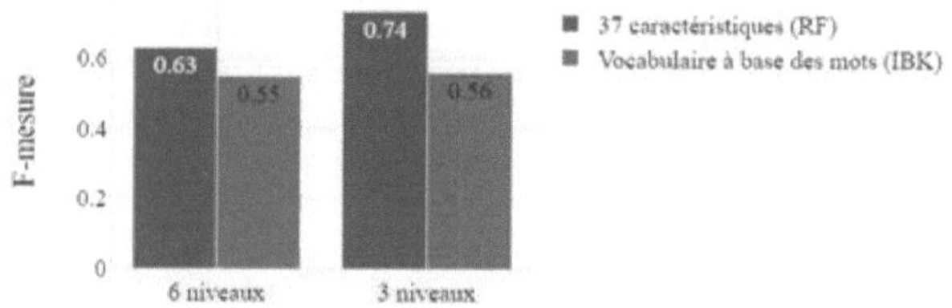

Fig. 6.4: Medidas F máximas obtidas com o controlo do vocabulário baseado em palavras

Para os seis níveis, a precisão máxima foi de 68,33%, um valor que excede os obtidos em todas as experiências anteriores nos seis níveis. Os três níveis registaram uma precisão máxima de 50,83%, tal como para o léxico baseado em palavras.

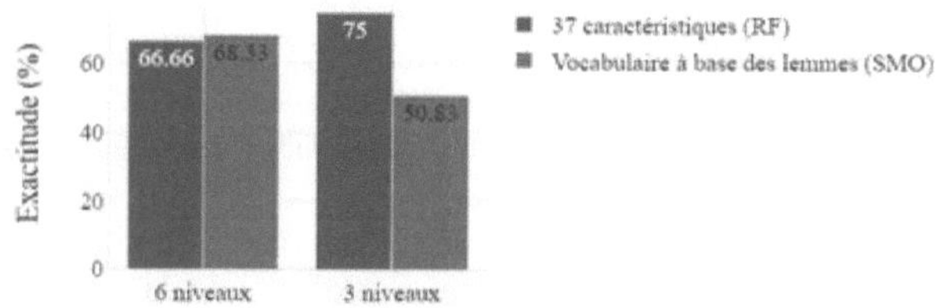

Fig. 6.5: Precisões máximas obtidas com o controlo do vocabulário baseado em lemas

Para a medida F, obtivemos um valor máximo de 0,66 e 0,53, respetivamente para seis e três níveis (ver Figura 6.6).

O objetivo desta experiência era verificar a hipótese do impacto do domínio do vocabulário na dificuldade de compreensão de um texto. Esta família de caraterísticas produziu bons resultados utilizando os seis níveis primários (sem níveis de agrupamento e léxicos), com um ganho de 1,33% na precisão e de 0,03 na medida F em relação a todas as experiências que realizámos.

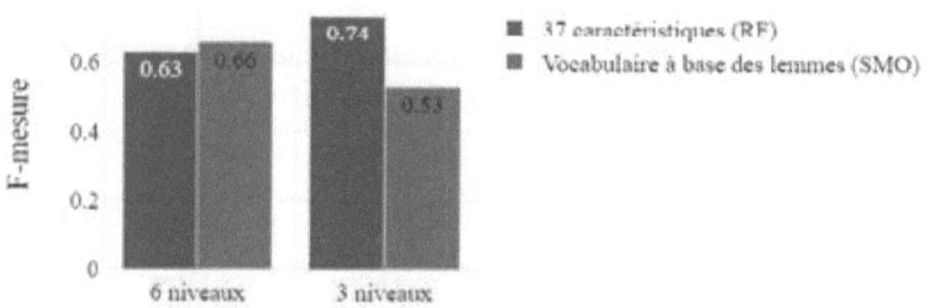

Fig. 6.6: Medidas F máximas obtidas com o controlo do vocabulário baseado em lemas

6.5 Incorporação de pontuações de perplexidade

Os modelos linguísticos (ML) são também uma categoria de caraterísticas que têm sido aplicadas à medição da legibilidade há vários anos. Estes modelos linguísticos oferecem muitas vantagens em termos de cálculo, mas também exigem grandes corpora de texto para a estimativa dos parâmetros. Além disso, os textos devem refletir com precisão a língua do utilizador no sentido estatístico. A estimativa de um modelo linguístico numa amostra não representativa afecta seriamente o desempenho dos modelos preditivos.

O processo desta experiência consiste em :

1. Construir um modelo linguístico estatístico bi-grama para cada nível de legibilidade. Nesta etapa, geramos seis LMs para os seis níveis e três LMs para os três níveis. Todos estes LMs são desenvolvidos utilizando os dados de treino;
2. Utilização de modelos modelados para calcular as pontuações de perplexidade. Para o efeito, calculamos uma pontuação de perplexidade para cada nível e incorporamos, para os seis níveis, seis pontuações para as 37 caraterísticas já utilizadas. O objetivo de utilizar as 37 caraterísticas em vez das caraterísticas da experiência anterior é o de assinalar o impacto desta categoria independentemente da categoria "conteúdo vocabular". Uma menor perplexidade significa que o documento tem mais probabilidades de pertencer à classe em causa;
3. Utilizar a nova lista de caraterísticas para gerar modelos de previsão.

A pontuação de perplexidade de um documento ***D*** é calculada através da fórmula :

$$PP(D) = \sqrt[n]{\frac{1}{P(m_1 \cdots m_n)}} \quad (6.1)$$

ou :

- $PP(D)$ é a pontuação de perplexidade do documento D;
- $m_1, ..., m_n$ são as palavras do texto;
- $P(m_1 \cdots m_n)$ é a probabilidade de a sequência de palavras m_1, ..., m_n ocorrer num texto.

A equação também pode ser escrita, usando a probabilidade condicional, na forma :

$$PP(D) = \sqrt[n]{\prod_{i=1}^{n} \frac{1}{P(m_i|m_1 \cdots m_{i-1})}} \quad (6.2)$$

$P(m_i|m_1 \cdots m_{i-1})$,ou) é a probabilidade de a palavra m_i ser encontrada num texto sabendo que a sequência de palavras m -- - mi-1 é encontrada no texto. Para modelos bi-grama, a equação torna-se :

$$PP(D) = \sqrt[n]{\prod_{i=1}^{n} \frac{1}{P(m_i|m_{i-1})}} \quad (6.3)$$

ou P (mi-1) é a probabilidade de a palavra *mi* ser encontrada num texto sabendo que a palavra que a precede é encontrada no mesmo texto e é calculada da seguinte forma

$$P(m_i|m_{i-1}) = \frac{\textbf{nombre d'occurrences du couple } (m_i, m_{i-1})}{\textbf{nombre d'occurrences de } m_{i-1}} \quad (6.4)$$

número de ocorrências do par (*mi*, mi-1)

número de ocorrências de m,-1

A Figura 6.7 mostra os resultados da incorporação das pontuações de perplexidade em termos de exatidão máxima. Comparamos os melhores valores obtidos com o algoritmo RF com os obtidos com o conjunto inicial de 37 caraterísticas. Para as três classes, obtivemos uma precisão máxima de 66,66%, que ultrapassa largamente a da experiência anterior (incorporando o domínio do vocabulário). Para os seis níveis, obtivemos uma precisão máxima de 50,0%, que é inferior à obtida nas experiências

anteriores.
Para a medida F, obtivemos um valor de 0,5 para seis níveis e de 0,69 para três níveis (ver Figura 6.8). Note-se que os resultados apresentados se baseiam em LM compiladas a partir de um corpus pequeno, pelo que o impacto desta família de caraterísticas pode ser melhorado aumentando o tamanho do corpus.

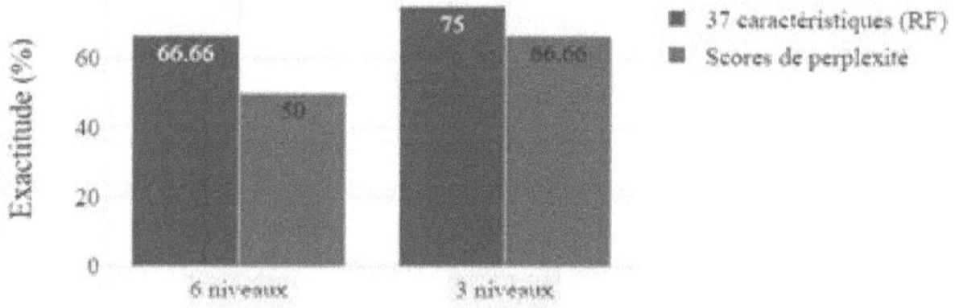

FIG. 6.7: Exatidão máxima obtida utilizando as pontuações de perplexidade

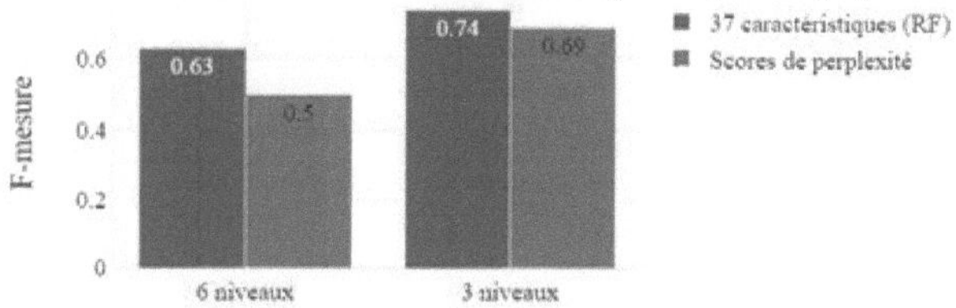

FIG. 6.8: Medidas F máximas obtidas com as pontuações de perplexidade

6.6 Reequilíbrio de dados MoSAR

Nesta secção, apresentamos os resultados de uma experiência realizada utilizando a lista das 37 melhores caraterísticas L1 num conjunto de treino equilibrado do corpus MoSAR.
O processo desta experiência, idêntico ao de L2, consiste em :
1. Gerar um ficheiro que contenha os vectores que representam todos os textos do corpus MoSAR;
2. Efetuar uma classificação inicial utilizando uma distribuição 80/20% dos vectores gerados com o algoritmo Random Forest;
3. Aplicar a técnica SMOTE a 80% dos vectores de treino MoSAR para os equilibrar. A classe "4" é a classe maioritária com um total de 127 vectores. Após o SMOTE, todas as classes têm o mesmo total (127 vectores).
A Tabela 6.5 mostra os resultados de exatidão por nível obtidos antes e depois da aplicação do SMOTE.
Comparando os resultados da Tabela 6.5, podemos concluir que a utilização de técnicas de reequilíbrio melhorou os resultados da classificação das classes independentes, mantendo o mesmo valor máximo de 67,21%.

	Antes do SMOTE	**Depois do SMOTE**
1	0%	25%
2	84,21%	84,21%
3	55,55%	66,66%
4	77,77%	55,55%
5	25%	37,5%
6	91,66%	83,33%
Total	**67,21%**	**67,21%**

Quadro 6.5: Resultados dos testes aos dados antes e depois da sobreamostragem

6.7 Conclusão

Neste capítulo, apresentámos os resultados da aplicação de um conjunto de caraterísticas no processo de criação de modelos preditivos da legibilidade de textos escolares marroquinos destinados a aprendentes de L1. Estudámos a eficácia da combinação de caraterísticas clássicas com outras mais sofisticadas e mais relacionadas com a língua em estudo.

O nosso processo consiste principalmente em utilizar o corpus MoSAR como corpus de referência, extrair e adaptar o conjunto de preditores de L2 para L1, gerar modelos e, finalmente, prever a dificuldade de novos textos.

Utilizando os seis níveis do MoSAR, obtivemos uma precisão máxima de 68,33% utilizando o vetor inicial de 37 caraterísticas, ao qual acrescentámos a categoria de domínio do vocabulário baseado em léxicos de lemas. Este valor foi obtido utilizando o algoritmo SMO. Por fim, obtivemos uma precisão máxima de 75% com três classes. Este valor foi obtido utilizando o algoritmo RF em combinação com o vetor das 37 melhores caraterísticas.

O número de caraterísticas adoptadas na L1 é menor do que o adotado na L2. Isto deve-se ao facto de o corpus MoSAR ser um corpus educativo destinado a aprendentes de L1 no ensino básico, pelo que podemos dizer que os textos do corpus são facilmente legíveis em comparação com os da L2. Se alimentarmos o corpus MoSAR com textos de níveis mais elevados, é provável que precisemos de mais caraterísticas para prever corretamente os seus níveis de dificuldade.

Capítulo 7

Simplificação dos textos

7.1 Introdução

A simplificação do texto (**TS**) consiste em reduzir a complexidade do vocabulário e a estrutura das frases de um texto, preservando o seu significado original, com o objetivo de melhorar a legibilidade. Varia consoante a população-alvo: o nível desejado de simplificação do texto para as pessoas com deficiências cognitivas (dislexia [Rello et al., 2013a], autismo [Evans et al., 2014], dificuldades de leitura [Gala et al., 2020]) pode ser muito diferente do das pessoas sem deficiências.

[XVIII]A investigação nesta área tem-se centrado principalmente na simplificação do inglês, onde existem corpora com textos-fonte e os respetivos textos simplificados associados, que podem ser alinhados automaticamente, como a Wikipédia em inglês e a Wikipédia em inglês simples ou o corpus Newsela [Xu et al., 2015]. No entanto, é difícil encontrar dados para outras línguas.

Neste capítulo, vamos rever alguns trabalhos sobre simplificação de texto. Em seguida, apresentamos o processo de uma abordagem para uma primeira tentativa no domínio da simplificação de textos em árabe.

7.2 Contexto geral e trabalhos relacionados

O fenómeno da simplificação existe desde os anos 90 e tem continuado a desenvolver-se e a automatizar-se ao longo dos anos. Embora tenha havido muito trabalho no domínio do ST manual ao longo dos anos, especialmente para os aprendentes de uma segunda língua, há menos trabalho no domínio da simplificação automática. O primeiro esforço de simplificação automática foi um verificador gramatical e de estilo desenvolvido para editores de inglês simplificado [Hoard et al., 1992]. Trabalhos posteriores aplicaram técnicas de tradução automática estatística baseadas em frases para produzir inglês simples [Wubben et al., 2012].

Em [Martin et al., 2020], os autores propuseram a utilização de técnicas de extração não supervisionadas para criar automaticamente corpora de treino para simplificação em várias línguas a partir de dados brutos de sítios Web. Avaliaram a sua abordagem com base em critérios de simplificação em inglês, francês e espanhol.

Com a crescente necessidade de produzir informação de saúde personalizada que seja legível e compreensível para o doente, em [Kauchak e Leroy, 2020], os autores apresentaram uma ferramenta de simplificação de texto que ajuda os produtores de conteúdos médicos a produzir texto acessível. A ferramenta utiliza recursos que fornecem sugestões concretas. Testada num corpus médico, a ferramenta oferece uma boa cobertura com sugestões em mais de um terço das palavras e mais de um terço das frases. Estas sugestões têm uma exatidão superior a 40%, embora a exatidão varie em função da fonte do texto. Foram adoptadas abordagens ao nível das palavras e das frases.

Podemos agrupar todas as técnicas apresentadas neste domínio em quatro famílias, nomeadamente :

Abordagem lexical: para um determinado texto, consiste em identificar e substituir palavras complexas por outras mais simples. Esta abordagem envolve três fases:

1. Identificar palavras complexas ;
2. Para cada palavra complexa, é gerada uma lista de substituições, ordenadas por ordem de simplicidade;
3. Utilizar o sinónimo mais simples para substituir a palavra original.

Para além da substituição de uma só palavra, a substituição lexical também pode ser efectuada ao nível da frase. Isto requer um domínio da língua de chegada. Uma frase pode ser substituída por uma única palavra que exprima a mesma coisa ou por outra frase que utilize uma linguagem mais simples.

A abordagem sintáctica: consiste em identificar as complexidades gramaticais de um texto e

XVIII https://simple.wikipedia.org/wiki/Main_Page (última visita em 08/11/2020)

reescrevê-las em estruturas mais simples. Esta técnica pode ser aplicada a muitos tipos de complexidade sintáctica:

- As frases longas podem ser divididas em várias frases;
- As frases na voz passiva podem ser reescritas na voz ativa.

A abordagem de geração de explicações: consiste em pegar num conceito difícil de um texto e enriquecê-lo com informações adicionais, que o contextualizam e melhoram a compreensão do utilizador.

A abordagem da tradução automática estatística: consiste em estudar a tradução automática como um caso de geração de texto complexo para simples. A tarefa de tradução é então considerada como uma conversão da língua de partida complexa X para a mesma língua de chegada X, mas mais simples. Cada uma destas línguas tem a sua própria sintaxe e o seu próprio léxico para permitir a utilização de técnicas de tradução automática.

A investigação no domínio da tradução automática baseia-se principalmente em métodos estatísticos e neurais [Junczys-Dowmunt et al., 2016]. Os métodos estatísticos requerem corpora bilingues alinhados ao nível da frase. Os métodos neurais requerem grandes corpora paralelos. Tanto quanto sabemos, estes tipos de corpora não estão disponíveis para o árabe.

No que diz respeito à língua árabe, [Al Khalil et al., 2017] descreveram no seu trabalho a motivação e as linhas gerais de um projeto denominado ***SAMER*** (Simplification of Arabic Masterpieces for Extensive Reading), que se centra na simplificação de uma coleção de romances. O projeto consiste em reescrever a coleção de romances num estilo simples que possa ser lido por alunos em idade escolar. Vários investigadores em literatura árabe e pedagogia contribuíram para o projeto. A tarefa de simplificação foi levada a cabo por especialistas, que seguiram um conjunto de orientações gerais para conseguir alterações no vocabulário, na estrutura, no estilo e nos pormenores.

7.3 Proposta de uma abordagem de simplificação lexical para a língua árabe

Nesta secção, apresentamos um processo de simplificação lexical que explora os vários recursos desenvolvidos no decurso desta investigação. Para um dado texto, o processo consiste em :

1. Detetar o nível de dificuldade utilizando os melhores modelos de previsão de legibilidade em L1 e L2 que desenvolvemos nos Capítulos 5 e 6 ;
2. Simplificar o léxico de palavras complexas ;
3. Verificar se o novo texto é menos complexo do que o original.

7.3.1 Simplificação lexical de palavras complexas

Durante esta fase, o sistema deve ser capaz de analisar o texto, identificar palavras complexas e simplificá-las. Para tal, é necessário extrair as palavras do texto e, em seguida, procurá-las numa lista de sinónimos para as substituir pelos seus sinónimos mais simples. O processo utilizado para esta etapa é o seguinte:

1. Utilize os resultados da etiquetagem PoS para identificar as palavras que não precisam de ser simplificadas e as que precisam. É evidente que algumas palavras, como os nomes próprios (Alam) e as preposições (Pr e PCo), não precisam de ser simplificadas. A Tabela 7.1 mostra a lista de etiquetas que excluímos da fase de simplificação;

PoS	Description	Description arabe	Exemple
Pronom	Pronom	ضمير منفصل	هُوَ/huwa
Alam	Nom propre	اسم علم	مُحَمَّدٌ/muHamãd
NoDP	Pronom démonstratif	اسم إشارة	ذَلِكَ/*alika
NoRP	Pronom relatif	اسم موصول	الَّتِي/Alãtiy
PCo	Préposition + Pronom	جار ومجرور	لَهُ/lahu
Pr	Préposition	حرْف جَر	عَنْ/Eano
Co	Conjonction de coordination	حرف عطف	أَوْ/>awo
PaNs	Particule du subjonctif	حرف ناصِب	أَنْ/>ano
La	Particule de négation ou d'interdiction	لا الناهية أو النافية	لَا/LaA
CJ	Particules de l'apocopé	حرف جزم	لَمْ/lamo
Abrv	Abréviation	مختصر	إلخ/<lx
PNa	Inna et ses analogues	حرف ناسِخ	أَنَّ>anã
Ex	Particule d'exception	أداة استثناء	إِلَّا/<lAã
Interj	interjections vocatives	حرف نداء	يَا/yaA

Quadro 7.1: Lista de etiquetas do PdS excluídas da fase de simplificação

2. Com base no pressuposto de que, se uma palavra faz parte do léxico do nível desejado, não deve ser simplificada, manteremos todas as palavras no léxico desejado;
3. As restantes palavras serão objeto de uma pesquisa de sinónimos. Para tal, utilizámos a API **AWN** (Arabic WordNet) [Black et al., 2006], para obter uma lista de todos os sinónimos possíveis para uma determinada palavra, utilizando a base de dados AWN. A lista está ordenada por simplicidade. Uma palavra é simples se for encontrada no dicionário de frequências;
4. Substituir uma palavra complexa pelo seu sinónimo mais simples. Note que as palavras que não têm sinónimos (a lista de sinónimos devolvida pelo AWN está vazia), aquelas cujo sinónimo é a própria palavra e aquelas para as quais nenhum sinónimo é simples serão mantidas;
5. Por fim, detetar o nível de dificuldade do novo texto.

7.3.2 Experiências e resultados

Nesta secção, aplicaremos a abordagem que apresentámos na secção 7.3.1 ao corpus MoSAR para a L1 e ao corpus GLOSS-Reading para a L2. Utilizaremos a distribuição destes corpora em três classes: fácil, média e difícil. Para esta experiência, tentaremos simplificar os textos que pertencem à classe difícil.

A aplicação das três primeiras etapas do processo (ver secção 7.3.1) permitiu-nos reduzir o conjunto de textos sobre os quais vamos aplicar os testes. A Tabela 7.2 mostra o tamanho dos conjuntos de teste antes e depois da aplicação destas etapas do processo. Os textos ignorados são textos para os quais todas as palavras complexas não têm sinónimos frequentes na base de dados "AWN".

Corpus	Todos os textos difíceis	Número de textos de teste
GLOSS-Leitura	114	113
MoSAR	216	163

Quadro 7.2: Tamanho do corpus de simplificação

Para o MoSAR, foram ignorados 53 textos, enquanto que para o GLOSS-Reading apenas um texto não tinha sinónimos, pelo que mantivemos 113 textos deste corpus para o resto do processo.

A base de dados *AWN*, da qual retirámos os sinónimos, contém 11 269 conjuntos de sinónimos classificados de acordo com quatro etiquetas PdV (verbo, substantivo, adjetivo e advérbio). O quadro 7.3 apresenta as estatísticas desta base de dados.

AWN contém 7.960 substantivos e apenas 2.538 verbos, o que explica a ausência de sinónimos de textos anteriormente ignorados.

Aplicando a quarta fase do processo aos restantes textos, algumas palavras complexas foram substituídas por equivalentes mais simples e mais frequentes. A Tabela 7.4 apresenta alguns exemplos dessas palavras.

PdV	Tamanho
Nome	7 960
Verbo	2 538
Adjetivo	661
Advérbio	110
Total	**11 269**

Quadro 7.3: Distribuição da base de dados AWN por categoria gramatical

Palavras complexas	Equivalente simples	Tradução
Mots complexe	**Équivalent simple**	**Traduction**
رمز / rmz	علامة / ElAmp	Signe
تكرار / tkrAr	إعادة / <EAdp	Répétition
فجوة / fjwp	فتحة / ftHp	Écart
وكر / wkr	عش / E$	Nid
منوال / mnwAl	طريقة / Tryqp	Méthode
توليد / twlyd	إنتاج / <ntAj	Production

Quadro 7.4: Exemplos de palavras simplificadas

"توليد" فقط لتوليد الكهرباء وليس لاستهلاك المياه المشروع مخصص" Para esta etapa de substituição, por exemplo, temos a frase "O projeto destina-se exclusivamente à produção de eletricidade e não ao consumo de água" que contém a palavra complexa que, fora do contexto, significa "geração". "إنتاج" "فقط لإنتاج الكهرباء وليس لاستهلاك المياه المشروع مخصص" Esta palavra foi substituída pela palavra simples que significa "produção" e, assim, a primeira frase é substituída pela frase que continua a ser traduzida como "O projeto destina-se exclusivamente à produção de eletricidade e não ao consumo de água". Depois de substituirmos as palavras complexas pelos seus equivalentes simples, recalculámos o nível de dificuldade dos novos textos e comparámos os resultados com os níveis de dificuldade originais dos textos. A Tabela 7.5 mostra o número de textos simplificados para cada corpus.

Corpus	Número de textos simplificados
MoSAR	28
GLOSS-Leitura	19

Quadro 7.5: Número de textos simplificados

Para o corpus MoSAR, 28 textos foram simplificados, enquanto os restantes 135 textos não puderam ser simplificados. Entre estes 135 textos, temos :

- 47 textos que contêm uma única palavra com um sinónimo simples ;
- 37 textos que contêm duas palavras com um sinónimo simples.

Para estes dois conjuntos, o texto modificado não apresenta grandes alterações em relação ao texto original, o que não permite alterar o nível do texto. Para os 28 textos simplificados, o número de palavras complexas substituídas variou de 3 a 8 palavras.

Para o corpus GLOSS-Reading, 19 textos foram simplificados. Entre os 94 textos restantes, temos :

- Um único texto que tem uma única palavra com um sinónimo simples;
- Dez textos que contêm duas palavras com um sinónimo simples;
- Cinco textos que contêm três palavras com um sinónimo simples.

Ao contrário do MoSAR, o número de palavras complexas substituídas nos textos simplificados varia de 4 a 15 palavras.

Numa segunda experiência, realizámos o processo de simplificação num conjunto de 100 textos retirados do "HindaouiCorpus". Todos os 100 textos foram classificados ***utilizando*** os modelos de previsão de legibilidade L1. A Tabela 7.6 apresenta os resultados desta segunda experiência.

	Fácil	Médio	Difícil
100 textos difíceis	2	72	26

Quadro 7.6: Resultados da simplificação no HindaouiCorpus

O HindaouiCorpus apresentou melhores resultados de simplificação do que os dois corpora anteriores, com 74 textos simplificados.

A partir destes resultados, podemos concluir que a simplificação lexical desempenha um papel importante na alteração dos níveis de dificuldade dos textos. Para melhorar os resultados desta primeira abordagem, podemos considerar transformações ao nível de :

1. سيدخلون **Palavras:** substituir uma palavra por um conjunto de palavras (por exemplo, substituir a palavra por (سوف يدخلون) ;
2. **Frases:** por exemplo, mudar a voz passiva para a voz ativa, dividir frases longas em frases mais curtas, etc.

7.4 Conclusão

Neste capítulo, analisámos algumas abordagens de simplificação de texto para línguas estrangeiras e para o árabe, e destacámos os desafios que se colocam a este domínio da investigação em PNL.

Propusemos um protótipo para simplificar textos em árabe. Este sistema contribuiria grandemente para a criação de conteúdos legíveis e acessíveis para pessoas com baixos níveis de literacia, crianças e aprendentes de árabe. A abordagem proposta descreve um conjunto de etapas principais que conduziriam à simplificação de corpora árabes, juntamente com o conjunto de tecnologias e ferramentas que facilitariam a implementação dessas etapas. Ao longo destas etapas, são identificadas dificuldades, lacunas e obstáculos, que são propostos como temas e perspectivas de investigação para este trabalho, a fim de melhorar a investigação relacionada com a simplificação e a legibilidade da língua árabe.

Testámos esta abordagem em três corpora diferentes (MoSAR, GLOSS-Reading e HindaouiCorpus), dois dos quais são anotados em níveis de dificuldade por especialistas, e o terceiro é um corpus que utilizámos no desenvolvimento do dicionário de frequências. Os resultados desta primeira tentativa são encorajadores.

Capítulo 8

Conclusão e perspectivas

O principal objetivo desta investigação foi melhorar os resultados apresentados por muitos investigadores, a fim de conceber e implementar modelos de auto-previsão do nível de dificuldade da língua árabe. Nesta tese, estamos interessados em prever a legibilidade de textos didácticos destinados a aprendentes de árabe como primeira língua (L1) e como segunda língua ou língua estrangeira (L2). Para desenvolver estes modelos, adoptámos uma abordagem em três fases: (1) uma fase de análise morfológica, (2) uma fase de extração de caraterísticas e (3) finalmente uma fase de treino e de geração de modelos de previsão.

Para entrar na fase de anotação morfológica é necessário um corpus anotado por nível de dificuldade. Dada a indisponibilidade de tais recursos, desenvolvemos e recolhemos quatro corpora educativos anotados por níveis de legibilidade de acordo com escalas bem definidas. O primeiro corpus é dedicado a aprendentes de árabe como L1 e foi recolhido de livros do sistema escolar marroquino. Este corpus, a que chamámos MoSAR (Modern Standard Arabic Readability), é composto por 602 textos e 77.966 palavras divididas em seis níveis de dificuldade. Os três restantes corpora são dedicados aos aprendentes de L2. Estes são recolhidos a partir de dois recursos diferentes:

1. A plataforma GLOSS a partir da qual recolhemos dois corpora:

- O GLOSS-Reading é um corpus constituído por 271 textos de leitura e 95.496 palavras;
- GLOSS-Learning é um corpus constituído por 227 textos auditivos e 56 684 palavras.

2. O sítio Aljazeera-Learning, a partir do qual recolhemos um corpus constituído por 321 textos e 49 345 palavras.

Estes três corpora são anotados de acordo com cinco níveis de dificuldade baseados na escala ILR, uma escala internacional para anotar textos destinados a aprendentes independentes de línguas estrangeiras. Como já foi referido, os corpora são utilizados como entrada para a fase de anotação morfológica, que foi efectuada utilizando os dois analisadores morfológicos MADAMIRA e Alkhalil-Toolkit.

A segunda fase da abordagem adoptada consiste em extrair uma lista de caraterísticas que definimos bem a partir da informação morfológica obtida na primeira etapa. A maior parte destas caraterísticas são calculadas através de um dicionário de frequências que desenvolvemos e que fornece uma lista dos 5000 lemas mais frequentes e a sua informação morfológica e estatística.

Por fim, desenvolvemos um conjunto de modelos para prever a legibilidade em L1 e L2. Também adaptámos a lista de caraterísticas para cada tipo de língua (L1 ou L2). Os nossos modelos tiveram um bom desempenho. Obtivemos uma precisão máxima de 81,81%, 82,22%, 87,69% e 75% para GLOSS-Reading, GLOSS-Listening, Aljazeera-Learning e MoSAR, respetivamente, e obtivemos um valor máximo de F-measure de 0,82 para os três corpora L2 e um valor máximo de F-measure de 0,74 para L1 com o corpus MoSAR.

Também apresentámos no manuscrito desta tese uma proposta de abordagem para a simplificação de textos em L1 e L2. Os resultados dos primeiros testes deste estudo são encorajadores.

Perspectivas

A partir dos resultados de todos os testes que apresentámos nesta tese, que são muito encorajadores, podemos concluir que estes métodos sofrem de várias fraquezas que procuraremos ultrapassar no nosso trabalho futuro, tais como :

- A falta de recursos anotados para o desenvolvimento e a avaliação dos mo- dos. Assim, a primeira área de trabalho para o futuro é melhorar o corpus MoSAR, acrescentando novos textos e abrangendo novos níveis de ensino. Uma segunda via é a construção de corpora para aprendentes com necessidades específicas (pessoas com dificuldades de aprendizagem, deficientes visuais, etc.);
- A escolha das caraterísticas a extrair varia de um corpus para outro. Por conseguinte, é também

necessário estudar a utilização de métodos de aprendizagem profunda, que automatizam a escolha e a extração de caraterísticas (não são fixadas antecipadamente), mas exigem grandes corpora.

- As ferramentas de legibilidade devem ser alargadas de modo a incluir a sintaxe e a semântica, mas para isso é necessário dispor de ferramentas e recursos que as apoiem.
- Por último, é necessária mais investigação fundamental no domínio da simplificação do texto. Podemos melhorar este trabalho através de uma investigação mais aprofundada sobre a simplificação sintáctica, que consiste em decompor e modificar a sintaxe de frases longas e complexas. A utilização da tradução automática é uma direção possível para a TS.

Apêndice A
Exemplos de textos no dicionário de frequências

“أشهد أن لا إله إلا الله وحده لا شريك له وأشهد أن سيدنا محمدا عبده ورسوله” A Tabela A.1 mostra a anotação da frase extraída do corpus Tashkeela+, utilizando o Alkhalil-Toolkit. A Tabela A.2 mostra a mesma frase anotada utilizando o MADAMIRA.

Etiqueta em árabe	PdV	Transliteração	Lema	Palavra
Tag en arabe	PoS	Translittération	Lemme	Mot
فعل مضارع	VeP	$ahida	شَهِدَ	أشهد
حرف ناصِب	PaNs	>an~a	أَنَّ	أن
لا الناهية أو النافية	La	laA	لَا	لا
اسم	No	<ilah	إِلَه	إله
أداة استثناء	Ex	<lA	إِلا	إلا
اسم علم	Alam	All~ah	الله	الله
اسم + مضاف إليه	No.S	waHod	وَحْد	وحده
لا الناهية أو النافية	La	laA	لَا	لا
صفة	Sifa	$ariyk	شَرِيك	شريك
جار ومجرور	PCo	waliya	وَلِيَ	له
حرف عطف + فعل مضارع	Conj P.VeP	$ahida	شَهِدَ	وأشهد
حرف ناسِخ	PNa	>an~a	أَنَّ	أن
اسم + مضاف إليه	No.S	say~id	سَيِّد	سيدنا
صفة	Sifa	muHam~ad	مُحَمَّد	محمدا
اسم + مضاف إليه	No.S	Eabod	عَبْد	عبده
حرف عطف + صفة + مضاف إليه	Conj P.Sifa.S	rasuwl	رَسُول	ورسوله

Tabela A.1: Extrato de um texto Tashkeela+ anotado pelo Alkhalil-Toolkit

Os dois quadros mostram as diferenças entre os lemas e os PdV. Estas diferenças podem ser agrupadas em duas famílias:

1. Diferenças nas etiquetas utilizadas pelos dois analisadores, mas que representam a maioria das etiquetas utilizadas.

Etiqueta em árabe	PdV	Transliteração	Lema	Palavra
Tag en arabe	PoS	Translittération	Lemme	Mot
فعل	verb	$ahid	شَهِد	أشهد
أداة ربط	conj_sub	>an~a	أَنَّ	أن
شبه فعل	verb_pseudo	lA	لا	لا
اسم	noun	waliy	وَلِي	إله
أداة استثناء	part_restrict	<il~A	إِلّا	إلا
اسم علم	noun_prop	All~ah	الله	الله
اسم	noun	Had~	حَدّ	وحده
شبه فعل	verb_pseudo	lA	لا	لا
اسم	noun	$ariyk	شَرِيك	شريك
حرف جر	prep	li	لِ	له
فعل	verb	$ahid	شَهِد	وأشهد
شبه فعل	verb_pseudo	>an~a	أَنَّ	أن
اسم	noun	>adAn	أدان	سيدنا
اسم علم	noun_prop	mHmdA	محمدا	محمدا
اسم علم	noun_prop	Eabod	عَبْد	عبده
اسم	noun	rasuwl	رَسُول	ورسوله

Tabela A.2: Extrato de um texto Tashkeela+ anotado por MADAMIRA

t "أشهد" 'mesma categoria gramatical: por exemplo, ambos os analisadores atribuem a etiqueta do verbo à palavra, mas o Alkhalil-Toolkit dá mais pormenores. "وَ" Na primeira aparição, especifica o tempo verbal (VeP = verbo no presente) e na segunda aparição especifica, para além do tempo verbal, que a palavra contém um prefixo de tipo conjunção que é a letra . "الله" Para a palavra , que é um nome próprio, a MADAMIRA atribui-lhe a etiqueta "noun_prop", enquanto o Alkhalil-Toolkit lhe atribui a etiqueta "Alam";

2. "محمدا" Diferenças devidas a erros de anotação por um dos dois analisadores: por exemplo, a palavra é anotada como adjetivo utilizando o Alkhalil-Toolkit, enquanto o MADAMIRA a anota corretamente como um nome próprio. "سيدنا", "أدان" Para a palavra, o MADAMIRA atribui-lhe o lema incorreto, enquanto o Alkhalil-Toolkit a lematiza corretamente como "سَيِّد".

Apêndice B

Extractos do corpus MoSAR

B.1 Extrair em formato JSON


```
{''book'': {
    ''id'': 1,
    ''level'': 1,
    ''text'': {
                        ...
        ''segment_info'': {
            ''id'': 4,
            ''sentence'': ''تُفِيقُ سَلْمَى مُبَكِّرًا كُلَّ صَبَاحٍ.'',
            ''analysis'': {
                ''nb'': 5,
                ''morph_feature_set'': [
                    {
                        ''id'': 1,
                        ''word'': "تُفِيقُ",
                        ''stem'': "تُفِيقُ",
                        ''lemma'': "فَاقَ",
                        ''root'': "فيق",
                        ''pos'': ''VeP''
                    },

                    {
                        ''id'': 2,
                        ''word'': "سَلْمَى",
                        ''stem'': "سَلْمَى",
                        ''lemma'': "سَلْمَى",
                        ''root'': ''–'',
                        ''pos'': ''Alam''
                    },  ...
                ]
            } },

        ''id'': 1,
        ''week'': 1,
        ''type'': ''Expression'',
        ''title'': "فِي الصَّبَاحِ"
    },
    ''title'': "كتابي في اللغة العربية"
}}
```

B.2 Extrair em formato de texto

```
book :
    title : كتابي في اللغة العربية
    level :1
    id :1
text :
    week :1
    id :1
    type :Expression
    title : فِي الصَّبَاحِ
...
segment_info :
    sentence :"تُفِيقُ سَلْمَى مُبَكِّرًا كُلَّ صَبَاحٍ."
    id :4
words :
     id :1    word :تُفِيقُ    stem :تُفِيقُ    lemma :فَاقَ    root : فيق    pos :VeP
     id :2    word :سَلْمَى    stem :سَلْمَى    lemma :سَلْمَى    root :-    pos :Alam
     id :3    word :مُبَكِّرًا    stem :مُبَكِّرًا    lemma :مُبَكِّر    root : بكر    pos :Sifa
...
```

Apêndice C
Lista completa de caraterísticas

Quadro C.1: Lista de 170 caraterísticas

Categoria	Caraterísticas	Descrição
Duração média da **pena**	SL1	O número de frases de um texto
	SL2	Duração média das frases em palavras = número de palavras / número de frases
	SL3	Comprimento médio das frases em caracteres = número de caracteres / número de frases
	SL4	Comprimento médio das frases em hastes = número de hastes / número de frases
Comprimento médio das palavras **(Comprimento das palavras)**	WL1	O número de palavras num texto
	WL2	Comprimento médio das palavras com caule = número de caules / número de palavras
	WL3	Comprimento médio das palavras em caracteres = número de caracteres / número de palavras
	WL4	O número de hastes num texto
	WL5	O número de caracteres de um texto
Classe de **palavras**	WC1	O número de palavras de classe aberta num texto (por exemplo, substantivo, verbo, etc.)
	WC2	O rácio entre as palavras da classe aberta e o total de palavras de um texto
	WC3	O número de palavras fechadas num texto (por exemplo, conjunções, preposições, etc.)

Continua na página seguinte

Tab. C.1 - continuação da página anterior

Categoria	Caraterísticas	Descrição
	WC4	O rácio entre as palavras da classe fechada e o número total de palavras de um texto
de Ambiguite **(Ambiguite)**	AMb1	O número de lemas ambíguos (lemas que obtêm várias etiquetas PdV distintas)
	AMb2	O rácio de lemas ambíguos em relação ao total de palavras de um texto
	AMb3	O rácio entre os lemas ambíguos e o total de lemas de um texto
Carga **vocabulário**	VL1	O número de lemas distintos num texto
	VL2	O número de lemas frequentes (lemas que aparecem mais do que uma vez) num texto
	VL3	O rácio entre os lemas frequentes e o total de palavras de um texto
Rácio palavra a palavra **(Type-To-Token**	TTR1	O rácio entre os lemas e o total de palavras
	TTR2	O rácio entre os caules e o total de palavras
	TTR3	A raiz quadrada de TTR2
	TTR4	A raiz quadrada de TTR1
Palavra estra	FW1	O rácio de palavras estrangeiras em relação ao total de palavras
Sequências de palavras	TTF1	O rácio entre os lemas frequentes e o total de palavras
	TTF2	Dispersão máxima dos lemas frequentes

	TTF3	A classificação máxima dos lemas frequentes
	TTF4	A dispersão média das palavras frequentes
	TTF5	A dispersão média dos lemas frequentes
	TTF6	A classificação média dos lemas frequentes

Continua na página seguinte

Tab. C.1 - continuação da página anterior

Categoria	Caraterísticas	Descrição
(Token e Tipo de Frequência)	TTF7	A classificação média das palavras frequentes
	TTF8	Dispersão mediana das palavras frequentes
	TTF9	A dispersão mediana dos lemas frequentes
	TTF10	A classificação mediana dos lemas frequentes
	TTF11	A classificação mediana das palavras frequentes
	TTF12	A dispersão mínima de lemas frequentes
	TTF13	A classificação mínima dos lemas frequentes
	TTF14	A gama de lemas frequentes
	TTF15	A gama de dispersões de lemas frequentes
	TTF16	O rácio entre as palavras frequentes e o total de hastes
	TTF17	O rácio entre os lemas frequentes e o total de caules
Rácios entre PoS de lemas e palavras (Type To Token POS Ratio)	TTPR1	A proporção de adjectivos em relação ao total de palavras
	TTPR2	A proporção de adjectivos comparativos em relação ao total de palavras
	TTPR3	A proporção de adjectivos numéricos em relação ao total de palavras
	TTPR4	O rácio de advérbios em relação ao total de palavras
	TTPR5	O rácio de advérbios relacionais em relação ao total de palavras
	TTPR6	O rácio entre as conjunções e o total de palavras
	TTPR7	O rácio entre as conjunções subordinativas e o total de palavras
	TTPR8	O rácio de nomes em relação ao total de palavras
	TTPR9	O rácio entre os nomes numéricos e o total de palavras
	TTPR10	A proporção de nomes próprios em relação ao total de palavras
	TTPR11	A proporção de substantivos quantitativos em relação ao total de palavras
	TTPR12	A proporção de partículas em relação ao total de palavras
	TTPR13	O rácio entre as partículas de foco e o total de palavras
	TTPR14	A proporção de partículas interrogativas em relação ao total de palavras
	TTPR15	O rácio de partículas negativas em relação ao total de palavras

Continua na página seguinte

Tab. C.1 - continuação da página anterior

Categoria	Caraterísticas	Descrição
	TTPR16	A proporção de partículas verbais em relação ao total de palavras
	TTPR17	A proporção de preposições em relação ao total de palavras
	TTPR18	O rácio de pronomes em relação ao total de palavras
	TTPR19	O rácio entre os pronomes demonstrativos e o total de palavras
	TTPR20	O rácio entre os pronomes relativos e o total de palavras
	TTPR21	O rácio entre a pontuação e o total de palavras
	TTPR22	O rácio de verbos em relação ao total de palavras

	TTPR23	O rácio entre pseudo-verbos e o total de palavras
	TTPR24	A proporção entre adjectivos e palavras de classe aberta
	TTPR25	O rácio entre advérbios e palavras de classe aberta
	TTPR26	O rácio entre verbos e palavras de classe aberta
	TTPR27	O número de substantivos num texto
	TTPR28	O número de advérbios num texto
	TTPR29	O número de nomes próprios num texto
	TTPR30	O número de adjectivos e de adjectivos comparativos num texto
	TTPR31	O número de verbos num texto
	TTPR32	O rácio entre substantivos e palavras de classe aberta
	TTPR33	O rácio entre nomes próprios e palavras de classe aberta
	PBF1	A proporção de adjectivos frequentes em relação ao total de adjectivos
	PBF2	O rácio entre os lemas frequentes cuja etiqueta PdS começa por adjetivo e o número total de lemas cuja etiqueta PdS começa por adjetivo (adj*)
	PBF3	O rácio entre as conjunções subordinativas frequentes e o total de conjunções subordinativas
	PBF4	O rácio entre as conjunções frequentes e o total de conjunções
	PBF5	O rácio entre os lemas frequentes cuja etiqueta PdV começa por conjunção e o número total de lemas cuja etiqueta PdV começa por conjunção (conj*)

Continua na página seguinte

Tab. C.1 - continuação da página anterior

Categoria	Caraterísticas	Descrição
Frequências baseadas no ponto de venda **(Frequência baseada no ponto de venda)**	PBF6	O rácio entre os nomes numéricos frequentes e o total de nomes numéricos
	PBF7	O rácio de nomes próprios frequentes em relação ao total de nomes próprios
	PBF8	O rácio de substantivos quantitativos frequentes em relação ao total de substantivos quantitativos
	PBF9	O rácio de nomes frequentes em relação ao total de nomes
	PBF10	O rácio entre os lemas frequentes cuja etiqueta PdS começa por name e o número total de lemas cuja etiqueta PdS começa por name (noun*)
	PBF11	O rácio entre os lemas frequentes cuja etiqueta PdS começa por partícula e o número total de lemas cuja etiqueta PdS começa por partícula (parte*)
	PBF12	O rácio entre as preposições frequentes e o total de preposições
	PBF13	O rácio entre os pronomes demonstrativos frequentes e o total de pronomes demonstrativos
	PBF14	O rácio entre os pronomes relativos frequentes e o total de pronomes relativos
	PBF15	O rácio entre os lemas frequentes cuja etiqueta PdS começa por pronome e o número total de lemas cuja etiqueta PdS começa por pronome (pron*)
	PBF16	O rácio entre os verbos frequentes e o total de verbos
	PBF17	A classificação máxima dos adjectivos frequentes

	PBF18	A classificação máxima dos lemas frequentes cuja etiqueta PoS começa por adjetivo (adj*)
	PBF19	A classificação máxima dos lemas frequentes cuja etiqueta PdS começa por conjunção (conj*)
	PBF20	A classificação máxima dos lemas frequentes cuja etiqueta PoS começa por name (noun*)
	PBF21	A classificação máxima dos lemas frequentes cuja etiqueta PdS começa por partícula (part*)
	PBF22	A classificação máxima dos lemas frequentes cuja etiqueta PdS começa por pronome (pron*)

Continua na página seguinte

Tab. C.1 - continuação da página anterior

Categoria	Caraterísticas	Descrição
	PBF23	O grau máximo das conjunções subordinativas livres
	PBF24	A classificação máxima das conjunções frequentes
	PBF25	A classificação máxima de nomes numéricos frequentes
	PBF26	Classificação máxima para nomes próprios frequentes
	PBF27	A classificação máxima dos substantivos quantitativos frequentes
	PBF28	A classificação máxima dos nomes frequentes
	PBF29	A classificação máxima das preposições frequentes
	PBF30	A classificação máxima dos pronomes demonstrativos frequentes
	PBF31	A classificação máxima dos pronomes relativos frequentes
	PBF32	A classificação máxima dos verbos frequentes
	PBF33	A classificação média dos adjectivos frequentes
	PBF34	A classificação média dos lemas frequentes cuja etiqueta PdS começa por adjetivo (adj*)
	PBF35	A classificação média dos lemas frequentes cuja etiqueta PdS começa por conjunção (conj*)
	PBF36	A classificação média dos lemas frequentes cuja etiqueta PoS começa por name (noun*)
	PBF37	A classificação média dos lemas frequentes cuja etiqueta PdS começa por partícula (part*)
	PBF38	A classificação média dos lemas frequentes cuja etiqueta PoS começa por pronome (pron*)
	PBF39	A classificação média das conjunções subordinativas livres
	PBF40	A classificação média das conjunções frequentes
	PBF41	A classificação média dos nomes numéricos frequentes
	PBF42	A classificação média dos nomes próprios frequentes
	PBF43	A classificação média dos substantivos quantitativos frequentes
	PBF44	A classificação média dos nomes frequentes
	PBF45	A classificação média das preposições frequentes
	PBF46	A classificação média dos pronomes demonstrativos frequentes
	PBF47	A classificação média dos pronomes relativos frequentes
	PBF48	A classificação média dos verbos frequentes
	PBF49	A classificação mediana dos adjectivos frequentes

Continua na página seguinte

Tab. C.1 - continuação da página anterior

Categoria	Caraterísticas	Descrição
	PBF50	A classificação mediana dos lemas frequentes cuja etiqueta PdS começa por adjetivo (adj*)
	PBF51	A classificação mediana dos lemas frequentes cuja etiqueta PdV começa por conjunção (conj*)
	PBF52	A classificação mediana dos lemas frequentes cuja etiqueta PoS começa por name (noun*)
	PBF53	A classificação mediana dos lemas frequentes cuja etiqueta PdS começa por partícula (part*)
	PBF54	A classificação mediana dos lemas frequentes cuja etiqueta PdS começa por pronome (pron*)
	PBF55	A classificação mediana das conjunções subordinativas livres
	PBF56	A classificação mediana das conjunções frequentes
	PBF57	A classificação mediana dos nomes numéricos frequentes
	PBF58	A classificação mediana dos nomes próprios comuns
	PBF59	A classificação mediana dos substantivos quantitativos frequentes
	PBF60	A classificação mediana dos nomes frequentes
	PBF61	A classificação mediana das preposições frequentes
	PBF62	A classificação mediana dos pronomes demonstrativos frequentes
	PBF63	A classificação mediana dos pronomes relativos frequentes
	PBF64	A classificação mediana dos verbos frequentes
	PBF65	A classificação mínima dos adjectivos frequentes
	PBF66	A classificação mínima dos lemas frequentes cuja etiqueta PoS começa por adjetivo (adj*)
	PBF67	A classificação mínima dos lemas frequentes cuja etiqueta PdS começa por conjunção (conj*)
	PBF68	A classificação mínima dos lemas frequentes cuja etiqueta PoS começa por name (noun*)
	PBF69	A classificação mínima dos lemas frequentes cuja etiqueta PdS começa por partícula (part*)
	PBF70	A classificação mínima dos lemas frequentes cuja etiqueta PdS começa por pronome (pron*)
	PBF71	O grau mínimo das conjunções subordinativas livres

Continua na página seguinte

Tab. C.1 - continuação da página anterior

Categoria	Caraterísticas	Descrição
	PBF72	A classificação mínima das conjunções frequentes
	PBF73	A classificação mínima dos nomes numéricos frequentes
	PBF74	A classificação mínima dos nomes próprios frequentes
	PBF75	A classificação mínima dos substantivos quantitativos frequentes
	PBF76	A classificação mínima dos nomes frequentes
	PBF77	A classificação mínima das preposições frequentes
	PBF78	A classificação mínima dos pronomes demonstrativos frequentes

	PBF79	A classificação mínima dos pronomes relativos frequentes
	PBF80	A classificação mínima dos verbos frequentes
	PBF81	A gama de classificações dos adjectivos frequentes
	PBF82	A gama de lemas frequentes cuja etiqueta PdS começa por adjetivo (adj*)
	PBF83	A gama de classificações para lemas frequentes cuja etiqueta PdS começa por conjunção (conj*)
	PBF84	A gama de classificações dos lemas frequentes cuja etiqueta PoS começa por name (noun*)
	PBF85	A gama de classificações para lemas frequentes cuja etiqueta PdS começa com partícula (part*)
	PBF86	A gama de lemas frequentes cuja etiqueta PdS começa por pronome (pron*)
	PBF87	A gama de graus das conjunções subordinativas livres
	PBF88	A gama de classificações das conjunções frequentes
	PBF89	A gama de nomes numéricos frequentes
	PBF90	A gama de nomes próprios frequentes
	PBF91	A gama de classificações para substantivos quantitativos frequentes
	PBF92	A gama de classificações de substantivos frequentes
	PBF93	A gama de classificações das preposições frequentes
	PBF94	A gama de classificações dos pronomes demonstrativos frequentes
	PBF95	A gama de pronomes relativos frequentes
	PBF96	A gama de classificações de verbos frequentes

Apêndice D
Pseudo-código do algoritmo SMOTE

Algoritmo SMOTE(T, N, k)

Entrada: Número de amostras na classe minoritária T; taxa SMOTE N%; número de vizinhos mais próximos k

Saída: (N/100) * T amostras sintéticas da classe minoritária

/* Se N for inferior a 100%, selecionar aleatoriamente amostras da classe minoritária, uma vez que apenas uma percentagem aleatória das mesmas será analisada (SMOTEd). */**Se** N < 100

depois distribuir aleatoriamente as amostras da classe minoritária T

T = (N/100) * T

N= 100

FinSi

N = (int)(N/100) /* Assume-se que a taxa SMOTE é um múltiplo inteiro de 100. */

k = Número de vizinhos mais próximos

numattrs = Número de atributos

Amostra[ ][ ] : tabela para amostras originais da classe minoritária

newindex: regista o número de amostras sintéticas geradas, inicializado em a0

Sintético[ ][ ] : tabela para amostras sintéticas

/* Calcular k vizinhos mais próximos para cada amostra na classe minoritária. */

← **para** i 1 **a** T

Calcular k vizinhos mais próximos para i e guardar os índices na matriz nn

Populate(N, i, nnarray)

FinFor

Populate(N, i, nnarray) /* Função para gerar amostras sintéticas. */

≠ **enquanto** N 0

Escolher um número aleatório entre 1 e k, a que chamamos nn. Este passo permite-nos escolher um dos k vizinhos mais próximos de i.

← **para** attr 1 **a** numattrs

Calcular: dif = Amostra[nnarray[nn]][attr] - Amostra[i][attr]

Calcular: intervalo = número aleatório entre 0 e 1

Sintético[novo índice][attr] = Amostra[i][attr] + intervalo * dif

FinFor

newindex++

N=N-1

FinWhile

return /*End of Populate. */

Fim do Pseudo-Código.

Publicações

Artigos publicados em revistas indexadas

1. **N.Nassiri**, A.Lakhouaja , V.Cavalli-Sforza, **Readability Assessment of educational texts in Arabic L2**, International Journal of Knowledge and Learning (em revisão).
2. **N.Nassiri**, A.Lakhouaja , V.Cavalli-Sforza, **Avaliação da legibilidade em árabe L2: Dimensionality Reduction Study**, Journal of King Saud University - Computer and Information Sciences, **2021**, ISSN 1319-1578. **DOI :** 10.1016/j.jksuci.2020.12.021.
3. Cavalli-Sforza, V.; Saddiki, H.; **Nassiri, N.**; **2018**. *Pesquisa de legibilidade em árabe: estado atual e direções futuras*. Procedia Computer Science. Volume 142, 2018, Páginas 38-49. **DOI:** 10.1016/j.procs.2018.10.459.

Artigos publicados em conferências indexadas

1. **Nassiri, N.** ; Lakhouaja, A.; Cavalli-Sforza, V.; **2021**. *combinando caraterísticas clássicas e não clássicas para melhorar as medidas de legibilidade para textos de primeira língua árabe.* In: Anais da Conferência Internacional sobre Sistemas Inteligentes Avançados para o Desenvolvimento Sustentável (AI2SD), Tânger, Marrocos, 21-26 de dezembro de 2020.
2. **Nassiri, N.**; Cavalli-Sforza, V.; Lakhouaja, A.; **2019**. *MoSAR: Corpus de legibilidade em árabe padrão moderno para alunos de L1.* In: Anais da 4ª Conferência Internacional sobre Big Data e Internet das Coisas (BDIoT), Rabat, Marrocos, 23-24 de outubro de 2019. **DOI :** 10.1145/3372938.3372961. ACM; SCOPUS; ...
3. **Nassiri, N.**; Lakhouaja, A.; Cavalli-Sforza, V.; **2018**. *Avaliação da legibilidade do árabe para alunos de línguas estrangeiras.* Em: Silberztein M., Atigui F., Kornyshova E., Metais E., Meziane F. (eds) Processamento de linguagem natural e sistemas de informação. NLDB 2018. Notas de aula em Ciência da Computação, vol 10859. Springer, Cham. **DOI :** 10.1007/978-3-319-91947-8_49. WEB OF SCIENCE; SCOPUS; ...
4. **Nassiri, N.**; Lakhouaja, A.; Cavalli-Sforza, V.; **2018**. *Previsão de legibilidade do árabe padrão moderno.* Em: Lachkar A., Bouzoubaa K., Mazroui A., Hamdani A., Lekhouaja A. (eds) Processamento da língua árabe: da teoria à prática. ICALP 2017. Comunicações em Ciências da Computação e da Informação, vol 782. Springer, Cham. **DOI :** 10.1007/978-3-319-73500-9_9. WEB OF SCIENCE; SCOPUS; ...

Artigos publicados em conferências nacionais e internacionais

1. **Nassiri, N.**; Lakhouaja, A.; Cavalli-Sforza, V.; **2019**. *Avaliação automática de dificuldade de textos em árabe.* No Dia de Doutorado em Matemática e Ciência da Computação, fevereiro de 2020.Oujda, Marrocos.
2. **Nassiri, N.**; Cavalli-Sforza, V.; Lakhouaja, A.; **2019**. *Seleção de caraterísticas relevantes na avaliação da legibilidade.* Na segunda conferência sobre diversidade linguística e PNL (DiLiTAL), dezembro de 2019.Oujda, Marrocos.
3. **Nassiri, N.**; Lakhouaja, A.; Cavalli-Sforza, V.; **2019**. *Uma avaliação de legibilidade baseada em corpus L1 árabe.* Na Conferência Internacional sobre Tecnologias Avançadas e Ciências Humanitárias. ICATHS julho de 2019.
4. **Nassiri, N.**; Lakhouaja, A.; Cavalli-Sforza, V.; **2018**. *Construção de um corpus árabe de textos escolares.* In 3eme Journee Doctorale sur I'Ingenierie de la Langue Arabe (JDILA'18) Quinta-feira, 1 de novembro de 2018.

Bibliografia

N. Ababou e A. Mazroui. Uma etiquetagem POS árabe híbrida para etiquetas morfossintácticas simples e compostas. *Revista Internacional de Tecnologia da Fala,* 19(2) :289-302, junho de 2016. ISSN 1572-8110. doi : 10.1007/s10772-015-9302-8. (Citar na página 45)

A. Abubaker e J. Lu. O tamanho e o tipo de letra ideais para alunos dos 9 aos 12 anos que lêem caracteres árabes no ecrã: um estudo de caso. *Journal of Physics: Conference Series*, 364, 05 2012. doi : 10.1088/1742-6596/364/1/012115 (Citar na página 10)

A. Al-Ajlan, H. Al-Khalifa, e A.-M. Al-Salman. Towards the development of an automatic readability measurements for arabic language. páginas 506 - 511, 12 2008. doi : 10.1109/ICDIM.2008.4746711. (Citar na página 19)

S. Al-Aqeel, N. Abanmy, A. Aldayel, H. Al-Khalifa, M. Al-yahya, e M. Diab. Readability of written medicine information materials in Arabic language: Expert and consumer evaluation (Legibilidade de materiais escritos de informação sobre medicamentos em língua árabe: avaliação de peritos e consumidores). *BMC Health Services Research*, 18:139, 02 2018. doi: 10.1186/ s12913-018-2944-x. (Citar na página 35)

M. Al-Batal. Playing with words: Teaching vocabulary in the Arabic curriculum. 2006. (Citado na página 40)

F. Al-Busaidi, A. Alhashmi, A. Al-Musawi, e A. Kadhim. Teachers' perceptions on the effectiveness of using Arabic language teaching software in omani basic education. *Revista Internacional de Educação e Desenvolvimento usando Tecnologia da Informação e Comunicação*, 12(2) :139-157, 2016. ISSN 1814-0556 (Citado na página 52)

H. Al-Khalifa e A. Al-Ajlan. Medições automáticas da legibilidade do texto árabe: um estudo exploratório. *Arabian Journal for Science and Engineering*, 35:103-124, 12 2010. (Citado nas páginas xi, 1, 31, 32, 33 e 51)

M. Al Khalil, N. Habash, e H. Saddiki. Simplificação de obras-primas árabes para leitura extensiva: uma visão geral do projeto. *Procedia Computer Science*, 117:192 - 198, 2017. ISSN 1877-0509. doi: https://doi.org/10.1016/j.procs.2017.10.109. URL http://www.sciencedirect.com/science/article/pii/S187705091732166X. Linguística Computacional Árabe (Cite página 105)

M. Al Khalil, H. Saddiki, N. Habash e L. Alfalasi. Um corpus de leitura nivelado de árabe padrão moderno. Nos *Anais da Décima Primeira Conferência Internacional sobre Recursos Linguísticos e Avaliação (LREC 2018)*, Miyazaki, Japão, maio de 2018. Associação Europeia de Recursos Linguísticos (ELRA). URL https://www.aclweb.org/anthology/ L18-1366. (Citado nas páginas 32 e 51)

L. Al-Sulaiti, N. Abbas, C. Brierley, E. Atwell, e A. Alghamdi. Compilação de um corpus infantil árabe. Em *Actas da Décima Conferência Internacional sobre Recursos Linguísticos e Avaliação (LREC'16)*, páginas 1808-1812. Associação Europeia de Recursos Linguísticos (ELRA), maio de 2016. (Citar na página 51)

A.-K. Al-Tamimi, M. Jaradat, N. Aljarrah, e S. Ghanim. Aari: Índice automático de legibilidade do árabe. *Revista Internacional Árabe de Tecnologia da Informação*, 11:370-378, 07 2014. (Citado nas páginas 19, 32, 33 e 51)

A. Al-Wabil, E. Meldah, A. Al-Suwaidan, e A. Al-Zahrani. Designing educational games for children with specific learning difficulties: Insights from involving children and practitioners. páginas 195 - 198, 10 2010. doi : 10.1109/ICCGI.2010.43. (Citar na página 9)

S. Almujaiwel. *KACSTAC livre/aberto e as suas ferramentas de processamento: recursos lexicais para microestruturas lexicogramaticais árabes baseadas em indicadores de colocação*, páginas 153-170. 01 2016. ISBN (10) : 1-4438-8513-4. (Citar na página 19)

A. Alotaibi. The effect of font size and type on reading performance with Arabic words in normally sighted and simulated cataract subjects. *Clinical and experimental optometry : journal of the Australian Optometrical Association*, 90:203-6, 05 2007. doi : 10.1111/j. 1444-0938.2007.00123.x. (Citar na página 10)

S. Alotaibi, M. Alyahya, H. Al-Khalifa, S. Alageel, e N. Abanmy. Readability of arabic medicine information leaflets (legibilidade de folhetos informativos de medicamentos árabes): A machine learning approach. *Procedia Computer Science*, 82:122 - 126, 2016. ISSN 1877-0509. doi : https://doi.org/10.1016/j.procs. 2016.04.017. 4º Simpósio sobre Aplicações de Exploração de Dados, SDMA2016, 30 de março de 2016, Riade, Arábia Saudita (Citar na página 35)

M. Althobaiti, U. Kruschwitz, e M. Poesio. Aranlp: uma biblioteca baseada em java para o processamento de texto árabe. In *Proceedings of the Ninth International Conference on Language Resources and Evaluation (LREC'14)*, páginas 4134-4138, Reykjavik, Islândia, maio de 2014. Associação Europeia de Recursos Linguísticos (ELRA). URL http://www. lrec-conf.org/proceedings/lrec2014/pdf/621_Paper.pdf. (Citar na página 71)

J. Anderson. Lix and rix: Variations on a little-known readability index. *Journal of Reading,* 26(6) :490-496, 1983. ISSN 00224103. URL http://www.jstor.org/stable/ 40031755. (Citar na página 16)

E. k. Anoual e A. Lakhouaja. Dificuldades de aprendizagem do árabe nas escolas primárias públicas: o caso da zona leste de Marrocos. páginas 1-5, 12 2015. doi : 10.1109/ICTA.2015.7426906. (Citar na página 33)

N. Bhargava, G. Sharma, R. Bhargava e M. Mathuria. Análise de árvore de decisão no algoritmo j48 para mineração de dados. volume 3, 2013. (Citar na página 26)

C. Biemann, G. Heyer, U. Quasthoff, e M. Richter. The leipzig corpora collectionmonolingual corpora of standard size. *Actas de Corpus Linguistic*, 2007, 2007. (Citado na página 40)

W. Black, S. Elkateb, H. Rodriguez, M. Alkhalifa, P. Vossen, A. Pease, e C. Fellbaum. Introducing the arabic wordnet project. Em *Proceedings of the third international Word- Net conference,* páginas 295-300. Citeseer, 2006. (Citado na página 106)

H. Bobzin. Sobre a frequência dos verbos no árabe moderno dos jornais. 1983 (Citado na página 41)

J. R. Bormuth. The cloze readability procedure. *Elementary English*, 45(4) :429-436, 1968. ISSN 00135968. URL http://www.jstor.org/stable/41386340. (Citado na página 16)

N. Boudad, R. Faizi, R. Oulad Haj Thami, e R. Chiheb. Análise de sentimentos em árabe: uma revisão da literatura. *Jornal de Engenharia Ain Shams*, 9(4) :2479 - 2490, 2018. ISSN 2090-4479. doi : https://doi.org/10.1016/j.asej.2017.04.007. URL http://www. sciencedirect.com/science/article/pii/S2090447917300862. (Citar na página 5)

M. Boudchiche e A. Mazroui. Uma abordagem híbrida para a lematização do árabe. *Jornal Internacional de Tecnologia da Fala*, 22 (3): 563-573, setembro de 2019. ISSN 1572-8110. doi : 10.1007/s10772-018-9528-3. (Citar na página 45)

L. Breiman. Random Forests. *Machine Learning*, 45(1) :5-32, Oct. 2001. ISSN 1573-0565. doi : 10.1023/A:1010933404324. URL https://doi.org/10.1023/A:1010933404324. (Citar na página 26)

A.-T. Brustad, Al-Batal. *Al-Kitaab fii Tacallum alArabiya, A Textbook for Beginning Arabic: Part Two*. Georgetown University Press, 2007. (Citado na página 29)

T. Buckwalter e D. Parkinson. *A frequency dictionary of Arabic: Core vocabulary for learners [Dicionário de frequências do árabe: vocabulário essencial para os alunos*]. Routledge, 2014. (Citado nas páginas 28 e 42)

V. Cavalli-Sforza, M. El Mezouar, e H. Saddiki. Matching an Arabic text to a learners' curriculum. página 10, 2014. (Citado nas páginas xi, 29, 32, 33 e 96)

J. S. Chall e E. Dale. *Readability revisited: The new Dale-Chal readability formula*. Brookline Books, 1995 (Citado na página 17).

N. Chawla, K. Bowyer, L. Hall e W. Kegelmeyer. Smote: técnica de sobreamostragem de minorias sintéticas. *J. Artif. Intell. Res. (JAIR*), 16:321-357, 06 2002. doi : 10.1613/ jair.953 (Citar na página

88)
C. J. Chen, M. W. Y. Keong, C. S. Teh e K. M. Chuah. Leitura de textos na Web: o que satisfaz os alunos disléxicos e normais? *Journal of Computers in Education*, 3(1): 47-58, Mar. 2016. ISSN 2197-9995. doi : 10.1007/s40692-015-0046-x. URL https: //doi.org/10.1007/s40692-015-0046-x. (Citado na página 9)
A. Chennoufi e A. Mazroui. Impacto da análise morfológica e de um grande corpus de treino no desempenho da diacritização do árabe. *Revista Internacional de Tecnologia da Fala*, 19(2) :269-280, junho de 2016. ISSN 1572-8110. doi : 10.1007/s10772-015-9313-5. URL https://doi.org/10.1007/s10772-015-9313-5. (Citar na página 42)
J. L. D. Clark e R. T. Clifford. The fsi/ilr/actfl proficiency scales and testing techniques: Development, current status, and needed research. *Studies in Second Language Acquisition*, 10(2) :129-147, 1988. doi : 10.1017/S0272263100007270 (Cite na página 27)
K. Collins-Thompson e J. Callan. Information retrieval for language tutoring: An overview of the reap project. páginas 544-545, 01 2004. doi : 10.1145/1008992.1009112. (Citar na página 26)
M. Cronin, S. O'Hanlon, e M. O'Connor. Readability level of patient information leaflets for older people (Nível de legibilidade dos folhetos informativos para idosos). *Irish Journal of Medical Science*, 180(1) :139-142, Mar. 2011. ISSN 1863-4362. doi : 10.1007/s11845-010-0624-x. URL https://doi.org/10.1007/ s11845-010-0624-x. (Citado na página 34)
5. A. Crossley, S. Skalicky, M. Dascalu, D. S. McNamara e K. Kyle. Prever a compreensão, o processamento e a familiaridade do texto em leitores adultos: novas abordagens às fórmulas de legibilidade. *Discourse Processes*, 54(5-6) :340-359, 2017. doi : 10.1080/0163853X.2017.1296264. (Citar na página 30)
W. Daelemans, J. Zavrel, K. Sloot, e A. Van den Bosch. Timbl: aprendiz baseado em memória de Tilburg. 02 2004. (Citado na página 29)
E. Dale e J. S. Chall. A formula for predicting readability. *Boletim de Investigação Educacional*, 27(1) :11-28, 1948. ISSN 15554023. URL http://www.jstor.org/stable/ 1473169. (Citado nas páginas 17 e 25)
L. Daraz, A. Morrow, O. Ponce, W. Farah, A. Katabi, M. Seisa, R. Benkhadra, M. Al- sawas, P. Larry e M. Murad. Readability of online health information: A metanarrative systematic review. *American Journal of Medical Quality*, 33:106286061775163, 01 2018. doi: 10.1177/1062860617751639. (Citar na página 35)
N. Daud, H. Hassan, e N. Aziz. Uma fórmula de legibilidade baseada em corpus para estimar a dificuldade de leitura de textos em árabe. 2013. (Citar na página 19)
M. Davies e D. Gardner. *A frequency dictionary of contemporary American English: Word sketches, collocates and thematic lists*. Routledge, 2013. (Citado na página 39)
B. Dawood. A relação entre legibilidade e variáveis linguísticas selecionadas. 1977 (Citado na página 18)
P. Di tore, S. Di Tore, G. Mangione, e L. Ludovico. *MADRIGALE: Uma aplicação multimédia para a dislexia e a melhoria da leitura que melhora a experiência de aprendizagem*. 09 2014. ISBN 978-1-4799-6386-7. doi : 10.1109/INCoS.2014.48. (Citar na página 9)
M. Diab. Ferramentas amira de segunda geração para processamento de árabe: tokenização rápida e robusta, marcação de pos e chunking de frases de base. 01 2009. (Citado na página 44)
M. Edmunds, R. Barry, e A. Denniston. Avaliação da legibilidade da informação oftálmica online para pacientes. *JAMA ophthalmology*, 131, 10 2013. doi : 10.1001/jamaophthalmol. 2013.5521. (Citar na página 35)
M. EL-Haj e P. Rayson. Osman - uma nova métrica de legibilidade em árabe. 05 2016. (Citado nas páginas 21, 32 e 33)
A. El Kah. Linguagem de aprendizagem assistida por computador para dificuldades de aprendizagem na língua árabe: Diagnóstico, formação e assistência, 2019. (Citar na página 10)

A. El Kah e A. Lakhouaja. Desenvolvimento de jogos educativos eficazes para crianças árabes, principalmente disléxicas. *Educação e Tecnologias da Informação*, 23(6) :2911-2930, Nov. 2018. ISSN 1573-7608. doi : 10.1007/s10639-018-9750-2. URL https://doi.org/10. 1007/s10639-018-9750-2. (Citar na página 9)

A. El Kah, I. Zeroual, e A. Lakhouaja. Aplicação do processamento da língua árabe na aprendizagem de línguas. Nos *Anais da 2.ª Conferência Internacional sobre Big Data, Nuvem e Aplicações*, BDCA'17, páginas 35:1-35:6, Nova Iorque, NY, EUA, 2017. ACM. ISBN 978-1-4503-4852-2. doi: 10.1145/3090354.3090390. (Citar na página 58)

M. Eros. *Al-Kitaab fii Ta'al lum Al-'Arabiyya com DVD: A Textbook for Beginning Arabic, Part One*, volume 59. Instituto do Médio Oriente, 2005. (Citado na página 29)

R. Evans, C. Orasan, e I. Dornescu. Uma avaliação das regras de simplificação sintáctica para pessoas com autismo. Em *Proceedings of the 3rd Workshop on Predicting and Improving Text Readability for Target Reader Populations (PITR)*, páginas 131-140, Gotemburgo, Suécia, abril de 2014. Associação para a Linguística Computacional. doi : 10.3115/v1/W14-1215. URL https://www.aclweb.org/anthology/W14-1215. (Citar na página 103)

L. Feng, N. Elhadad, e M. Huenerfauth. Cognitively motivated features for readability assessment. páginas 229-237, 01 2009. doi : 10.3115/1609067.1609092. (Citar na página 33)

L. Feng, M. Jansche, M. Huenerfauth, e N. Elhadad. Uma comparação de caraterísticas para a avaliação automática da legibilidade. Em *Actas da 23ª Conferência Internacional de Linguística Computacional: Posters*, COLING '10, página 276-284, EUA, 2010. Associação de Linguística Computacional (Cite nas páginas 22 e 30).

R. Flesch. A new readability yardstick. *Journal of Applied Psychology*, 32(3) :221, junho de 1948. ISSN 1939-1854 (Eletrónico), 0021-9010 (Impresso). doi : 10.1037/h0057532 (Citar na página 15)

J. Forsyth. Deteção automática de legibilidade para o árabe padrão moderno, 2014. (Citado nas páginas xi, 28, 29, 32, 33, 69, 73 e 90)

T. François e E. Miltsakaki. A PNL e a aprendizagem automática melhoram as fórmulas de legibilidade tradicionais? In *Proceedings of the First Workshop on Predicting and Improving Text Readability for target reader populations*, páginas 49-57, Montreal, Canadá, junho de 2012. Associação para a Linguística Computacional. URL https://www.aclweb.org/anthology/ W12-2207. (Citar na página 27)

N. Gala, A. Tack, L. Javourey-Drevet, T. Francois, e J. C. Ziegler. Alector : Um corpus paralelo de textos franceses simplificados com alinhamentos de leituras incorrectas por leitores pobres e disléxicos. In *Proceedings of the 12th Language Resources and Evaluation Conference*, páginas 1353-1361, Marselha, França, maio de 2020. Associação Europeia de Recursos Linguísticos. ISBN 979-10-95546-34-4. URL https://www.aclweb.org/anthology/2020. lrec-1.169. (Citar na página 103)

D. Gemoets, G. Rosemblat, T. Tse, e R. Logan. Assessing readability of consumer health information: An exploratory study (Avaliação da legibilidade da informação sobre saúde do consumidor: um estudo exploratório). *Studies in health technology and informatics*, 107:869-73, 02 2004. doi : 10.3233/978-1-60750-949-3-869. (Cite na página 34)

K. Ghani, A. Noh, e N. Mohd Rahimi. Caraterísticas linguísticas para o desenvolvimento da fórmula de legibilidade do texto árabe na Malásia: um estudo preliminar. *Middle - East Journal of Scientific Research*, 19:319-331, 01 2014. doi : 10.5829/idosi.mejsr.2014.19.3.13597. (Citar na página 20)

W. S. Gray e B. E. Leary. O que torna um livro legível. 1935 (Citado na página 1)

R. Gunning. The fog index after twenty years. *Journal of Business Communication*, 6 (2) :3-13, 1969. doi : 10.1177/002194366900600202. URL https://doi.org/10.1177/ 002194366900600202. (Citar na página 17)

N. Habash, O. Rambow, e R. Roth. Mada+tokan : Um conjunto de ferramentas para tokenização, diacritização, desambiguação morfológica, marcação de pos, stemming e lematização do árabe. *Actas da 2ª Conferência Internacional sobre Recursos e Ferramentas da Língua Árabe (MEDAR)*, 01 2009. (Citado nas páginas 29 e 44)

N. Habash, B. Mohit, O. Obeid, K. Oflazer, N. Tomeh, e W. Zaghouani. Qalb: banco de línguas árabes do Qatar. Em *Actas da Conferência Anual de Investigação do Qatar (ARC- 2013)*, Doha, Qatar, 2013. (Citar na página 52)

M. Hall. Seleção de caraterísticas baseada na correlação para a aprendizagem automática. *Departamento de Ciência da Computação*, 19, 06 2000. (Citado na página 86)

M. Heilman, K. Collins-Thompson, J. Callan e M. Eskenazi. Sucesso na sala de aula de um sistema de tutoria inteligente para a prática lexical e a compreensão da leitura. volume 2, 01 2006. (Citado na página 26)

A. C. Hickson. Legibilidade e qualidade da informação online sobre o distúrbio auditivo "distúrbio do processamento auditivo", 2020. (Citado na página 33)

J. E. Hoard, R. Wojcik, e K. Holzhauser. *An Automated Grammar and Style Checker for Writers of Simplified English*, páginas 278-296. Springer Netherlands, Dordrecht, 1992. ISBN 978-94-011-2854-4. doi: 10.1007/978-94-011-2854-4_19. URL https: //doi.org/10.1007/978-94-011-2854-4_19 (Citado na página 104).

J. E. Hofman e M. Habib-Allah. A técnica do cloze em árabe: palavras ou unidades semânticas? *Journal of Psycholinguistic Research*, 11(4) :275-282, julho de 1982. ISSN 15736555. doi : 10.1007/BF01067582. URL https://doi.org/10.1007/BF01067582. (Citar na página 18)

G. Holmes, A. Donkin, e I. Witten. Weka: A machine learning workbench. páginas 357 - 361, 01 1994. ISBN 0-7803-2404-8. doi : 10.1109/ANZIIS.1994.396988 (Citar na página 31)

G. Husseinali. Quem estuda árabe e porquê? Um inquérito sobre as orientações dos estudantes de árabe numa grande universidade. *Foreign Language Annals*, 39:395 - 412, 12 2008. doi : 10.1111/ j.1944-9720.2006.tb02896.x. (Citar na página 10)

M. Junczys-Dowmunt, T. Dwojak, e H. Hoang. A tradução automática neural está pronta para ser implementada? um estudo de caso em 30 direcções de tradução. 01 2016. (Citar na página 105)

D. Kauchak e G. Leroy. Uma ferramenta de simplificação de texto médico baseada na web. 01 2020. doi : 10.24251/HICSS.2020.458 (Citar na página 104)

J. P. Kincaid, R. P. Fishburne Jr, R. L. Rogers, e B. S. Chissom. Derivation of new readability formulas (automated readability index, fog count and flesch reading ease formula) for navy enlisted personnel. 1975 (Citado na página 16).

R. E. Korf. Linear-space best-first search. *Artificial Intel ligence*, 62(1) :41 - 78, 1993. ISSN 0004-3702. doi : https://doi.org/10.1016/0004-3702(93)90045-D. URL http://www.sciencedirect.com/science/article/pii/000437029390045D. (Citar na página 86)

D. E. Kouloughli. *Lexique fondamental de l'arabe standard moderne*. Editions L'Harmat- tan, 1991 (citado na página 41).

J. M. Landau. *Uma contagem de palavras da prosa árabe moderna*. Número 17. American Council of Learned Societies, 1971 (Citado na página 41).

B. Laufer. O desenvolvimento do vocabulário passivo e ativo numa segunda língua: igual ou diferente? *Applied Linguistics*, 19, 06 1998. doi : 10.1093/applin/19.2.255 (Cite en page 40)

J. B. Lieberman. *Types of Typefaces and how to Recognize Them*. Sterling Publishing Company, 1967 (Citado na página 8).

A. C. Liu. The effect of oversampling and undersampling on classifying imbalanced text datasets (O efeito da sobreamostragem e subamostragem na classificação de conjuntos de dados de texto desequilibrados). *Universidade do Texas em Austin*, 2004. (Citado na página 88)

D. Lonsdale e Y. Le Bras. *A frequency dictionary of French: Core vocabulary for learners*. Routledge, 2009. (Citado na página 39)

D. Looney e N. Lusin. Matrículas em línguas que não o inglês em instituições de ensino superior dos

Estados Unidos, verão de 2016 e outono de 2016: relatório preliminar. Em *Modern Language Association*. ERIC, 2018. (Citar na página 11)

M. B. Marr. Uma análise das variáveis do texto em três testes actuais de diagnóstico de leitura. 1982 (Citado na página 16)

L. Martin, A. Fan, E. De la Clergerie, A. Bordes, e B. Sagot. Simplificação multilingue não supervisionada de frases. 05 2020. (Citado na página 104)

A. Masrai e J. Milton. Quantas palavras são necessárias para falar árabe? um teste de tamanho de vocabulário árabe. *Language Learning Journal,* páginas 1-18, 01 2017. doi : 10.1080/ 09571736.2016.1258720. (Citar na página 40)

M. M. McClelland, A. C. Acock, e F. J. Morrison. The impact of kindergarten learning- related skills on academic trajectories at the end of elementary school (O impacto das competências relacionadas com a aprendizagem no jardim de infância nas trajectórias académicas no final do ensino básico). *Early Childhood Research Quarterly*, 21(4) :471 - 490, 2006. ISSN 0885-2006. doi : https://doi.org/10. 1016/j.ecresq.2006.09.003. (Citado na página 58)

N. H. McLaughlin. SMOG grading: A new readability formula. *Journal of Reading*, 12 (8) :639-646, 1969 (Cite na página 17)

D. Meyer e R. Schvaneveldt. Facilitação no reconhecimento de pares de palavras: Evidência de uma dependência entre operações de recuperação. *Journal of experimental psychology*, 90: 227-34, 11 1971. doi : 10.1037/h0031564 (Cite na página 31)

A. Miniukovich, A. De Angeli, S. Sulpizio, e P. Venuti. Diretrizes de design para legibilidade na Web. páginas 285-296, 06 2017. doi: 10.1145/3064663.3064711. (Citar na página 9)

O. Mohammadi e S. H. Khasteh. Texto como ambiente: Um modelo de avaliação de legibilidade de texto de aprendizagem por reforço profundo. 12 2019. (Citar na página 27)

A. Mucherino, P. J. Papajorgji, e P. M. Pardalos. *k-Nearest Neighbor Classification*, páginas 83-106. Springer Nova Iorque, Nova Iorque, NY, 2009. ISBN 978-0387-88615-2. doi : 10.1007/978-0-387-88615-2_4. URL https://doi.org/10.1007/ 978-0-387-88615-2_4. (Citado na página 26)

S. Mustafa. Word stemming for arabic information retrieval: The case for light stemming. 21:123-144, 01 2012. (Citar na página 55)

T. Mustonen, M. Olkkonen, e J. Hakkinen. Examining mobile phone text legibility while walking. Em *CHI '04 Extended Abstracts on Human Factors in Computing Systems*, CHI EA '04, página 1243-1246, Nova Iorque, NY, EUA, 2004. Association for Computing Machinery. ISBN 1581137036. doi : 10.1145/985921.986034. URL https://doi.org/ 10.1145/985921.986034. (Citado na página 2)

N. Nassiri, A. Lakhouaja, e V. Cavalli-Sforza. Previsão da legibilidade do árabe padrão moderno. Em A. Lachkar, K. Bouzoubaa, A. Mazroui, A. Hamdani, e A. Lekhouaja, editores, *Arabic Language Processing: From Theory to Practice,* páginas 120-133, Cham, 2018a. Springer International Publishing. ISBN 978-3-319-73500-9 (Citado na página 71).

N. Nassiri, A. Lakhouaja, e V. Cavalli-Sforza. Avaliação da legibilidade do árabe para alunos de línguas estrangeiras. Em M. Silberztein, F. Atigui, E. Kornyshova, E. Metais, e F. Me- ziane, editores, *Natural Language Processing and Information Systems*, páginas 480-488, Cham, 2018b. Springer International Publishing. ISBN 978-3-319-91947-8. (Citado na página 79)

N. Nassiri, V. Cavalli-Sforza, e A. Lakhouaja. Mosar: corpus de legibilidade em árabe padrão moderno para alunos de l1. Nos *Anais da 4.ª Conferência Internacional sobre Big Data e Internet das Coisas*, BDIoT'19, Nova Iorque, NY, EUA, 2019. Association for Computing Machinery. ISBN 9781450372404. doi : 10.1145/3372938.3372961. (Citar na página 51)

J. Ohene-Djan e M. Gorle. Uma função adaptativa para a tecnologia de aprendizagem avançada baseada em hipermédia. página 464, 08 2003. doi : 10.1109/ICALT.2003.1215187 (Cite na página 9)

A. Pasha, M. Al-Badrashiny, M. Diab, A. El Kholy, R. Eskander, N. Habash, M. Pooleery, O. Rambow e R. Roth. Madamira: Uma ferramenta rápida e abrangente para análise morfológica e desambiguação do árabe. Em *Proceedings of the Ninth International Conference on Language Resources and Evaluation (LREC'14)*, páginas 1094-1101. Associação Europeia de Recursos Linguísticos (ELRA), maio de 2014. (Citar na página 44)

L. Rello, R. Baeza-Yates, S. Bott, e H. Saggion. Simplificar ou ajudar? estratégias de simplificação de texto para pessoas com dislexia. Em *Actas da 10.ª Conferência Internacional Transdisciplinar sobre Acessibilidade na Web*, W4A '13, Nova Iorque, NY, EUA, 2013a. Association for Computing Machinery. ISBN 9781450318440. doi : 10.1145/2461121. 2461126. URL https://doi.org/10.1145/2461121.2461126. (Citado na página 103)

L. Rello, R. Baeza-Yates, L. Dempere-Marco, e H. Saggion. Palavras frequentes melhoram a legibilidade e palavras curtas melhoram a compreensibilidade para pessoas com dislexia. Em *Human-Computer Interaction - INTERACT 2013*, páginas 203-219. Springer Berlin Heidelberg, 2013b. ISBN 978-3-642-40498-6 (Citado na página 34)

M. Reqqass, A. Lakhouaja, e M. Bebah. "alkhalildws": Um sistema de escrita de dicionário árabe rico em recursos lexicais. Em K. Smaili, editor, *Processamento da língua árabe: da teoria à prática,* páginas 237-250, Cham, 2019. Springer International Publishing. ISBN 978-3-030-32959-4. (Citado na página 12)

H. Saddiki, K. Bouzoubaa, e V. Cavalli-Sforza. Text readability for arabic as a foreign language. páginas 1-8, 11 2015. doi : 10.1109/AICCSA.2015.7507232. (Citado nas páginas xi, 29, 30, 32, 33, 73 e 90)

H. Saddiki, N. Habash, V. Cavalli-Sforza, e M. Al Khalil. Otimização de caraterísticas para prever a legibilidade do árabe L1 e L2. In *Proceedings of the 5th Workshop on Natural Language Processing Techniques for Educational Applications*, páginas 20-29, Melbourne, Austrália, julho de 2018. Associação para a Linguística Computacional. doi: 10. 18653/v1/W18-3703. URL https://www.aclweb.org/anthology/W18-3703. (Citado nas páginas 30, 32 e 33)

S. F. J. Schonell e I. G. Meddleton. *A study of the oral vocabulary of adults (Um estudo do vocabulário oral de adultos*). Queensland UP, 1956 (Citado nas páginas 39 e 40).

R. Senter e E. A. Smith. Índice de legibilidade automatizado. 1967 (Citado na página 17)

R. Shedlosky-Shoemaker, A. Sturm, M. Saleem e K. Kelly. Tools for assessing readability and quality of health-related web sites. *Journal of Genetic Counseling*, 18:49-59, 02 2009. doi : 10.1007/s10897-008-9181-0. (Citar na página 34)

G. Silva. A frequency dictionary of portuguese : Core vocabulary for learners by davies, mark and ana maria raposo preto-bay. *Modern Language Journal - MOD LANG J*, 93: 322-323, 06 2009. doi : 10.1111/j.1540-4781.2009.00870_20.x. (Citado na página 39)

S. L. SMITH. Letter size and legibility. *Human Factors*, 21(6) :661-670, 1979. doi : 10.1177/001872087912210604. (Citar na página 2)

M. Sprengling. A lista básica de palavras do jornal diário árabe. moshe brill , d. neustadt , p. schusser. *Journal of Near Eastern Studies*, 2(3) :205-207, 1943. doi : 10.1086/370679. URL https://doi.org/10.1086/370679. (Citado na página 41)

A. Stolcke. Srilm - um conjunto de ferramentas de modelação de linguagem extensível. *Actas da 7ª Conferência Internacional sobre Processamento da Linguagem Falada (ICSLP 2002)*, 2, 07 2004. (Citado na página 31)

t. JiU. JaU >li ^aA2U-(*UNI J3 ^311 3Ш ^Vl ^i) UlJfcVI 6^211 <U^V1 oh>1l, 1942 (Citado na página 41).

6J4ft <^ jjlл .^jdl Aiill ^i 4*3UU olз>11 ^ba ^i ^ic :Д^.y*Л Aiill ^i 4^11 ol3ji-11 1979 (Citado na página 41).

E. L. Thorndike. *The teacher's word book*. Teacher's College, Columbia University, 1921 (Citado na página 14).

W. Tracy. *Letters of credit: a view of type design.* Boston: David R, 1986 (Cite na página 8).

R. A. Tu'aymah. *al-marja'fi ta'lim al-lughah li natiqin bi lughah ukhra*. Macca: Universidade Ummu al-Qurra, 1986 (Citado na página 40).

S. Vajjala e D. Meurers. Melhorar a exatidão da classificação de legibilidade utilizando conhecimentos da aquisição de uma segunda língua. Em *Proceedings of the Seventh Workshop on Building Educational Applications Using NLP*, NAACL HLT '12, página 163-173, EUA, 2012. Associação para a Linguística Computacional (Citado na página 27).

E. B. Welles. Foreign language enrollments in united states institutions of higher education, fall 2002. *Profissão*, páginas 128-153, 2004. ISSN 07406959, 19381522. URL http://www.jstor.org/stable/25595784. (Citar na página 11)

S. Wubben, A. van den Bosch, e E. Krahmer. Sentence simplification by monolingual machine translation. In *Proceedings of the 50th Annual Meeting of the Association for Computational Linguistics (Volume 1: Long Papers)*, páginas 1015-1024, Jeju Island, Coreia, julho de 2012. Associação para a Linguística Computacional. URL https://www.aclweb.org/anthology/P12-1107. (Citar na página 104)

W. Xu, C. Callison-Burch, e C. Napoles. Problemas na investigação atual sobre simplificação de texto: novos dados podem ajudar. *Transacções da Associação para a Linguística Computacional*, 3:283-297, 2015. doi: 10.1162/tacl_a_00139. URL https://www.aclweb.org/anthology/Q15-1021. (Citar na página 103)

T. Zerrouki e A. Balla. Tashkeela: Novo corpus de textos árabes vocalizados, dados para sistemas de auto-diacritização. *Data in Brief*, 11:147-151, 2017. ISSN 2352-3409. doi: 10.1016/j.dib.2017.01.011. (Citar na página 42)

H. Zhao e J. Yu. Um algoritmo smo modificado para regressão svm e sua aplicação na previsão de qualidade de hp-ldpe. Em L. Wang, K. Chen e Y. S. Ong, editores, *Advances in Natural Computation*, páginas 630-639, Berlim, Heidelberg, 2005. Springer Berlin Heidelberg. ISBN 978-3-540-31853-8. (Citado na página 26)

M. Ziemski, M. Junczys-Dowmunt, e B. Pouliquen. The United Nations parallel corpus v1.0. Em *Proceedings of the Tenth International Conference on Language Resources and Evaluation (LREC'16)*, páginas 3530-3534, Portoroz, Eslovénia, maio de 2016. Associação Europeia de Recursos Linguísticos (ELRA). URL https://www.aclweb.org/anthology/ L16-1561. (Citar na página 21)

G. K. Zipf. *Human behavior and the principle of least effort.* addison-wesley press, 1949. (Citar na página 15)

MIX
Papier aus verantwortungsvollen Quellen
Paper from responsible sources
FSC® C105338

Printed by Books on Demand GmbH, Norderstedt / Germany